小学校
新学習指導要領
算数の
授業づくり

関西大学初等部
尾﨑 正彦

明治図書

まえがき

　2017年3月に新しい学習指導要領が告示されました。今回の改訂では、「主体的・対話的で深い学び」「数学的活動」「数学的な見方・考え方」など様々なキーワードがあがり、すでに学校現場では、これらのキーワードを意識した授業改善がスタートしています。それ自体は、とてもよいことです。

　ところが、それらの先進的な（？）取組を見ていると、気になることがあります。それは、「学習指導要領が真に目指しているものとは異なる方向に向かっているのではないか」ということです。キーワードの表面的な理解のみで、授業が行われているのです。例えば、「対話的な学び」をテーマに行われているのが、形式的なペア説明やグループ学習だったりします。子どもたちはペアで話し合いたいともグループで相談したいとも思っていないのに、これらの活動が教師の指示で一方的に行われているのです。「対話的な学び」ができたと勘違いしている教師は満足し、強制的に対話させられた子どもは不満足の表情を浮かべています。

　本書では、新しい学習指導要領の真の趣旨を探り、それを具現するための授業改善の方法を、具体的な授業例と関連させながら紹介していきます。気になるページから読み進めてください。そして、「算数が愉しい」と感じる子どもを日本中に溢れさせましょう！

2018年3月

尾﨑　正彦

もくじ

まえがき

第1章
学習指導要領のキーワードに振り回されないために

1　キーワードに振り回されてきた学校現場 …………10
2　新しい学習指導要領のキーワード …………12
3　キーワードの具現は形式的な指導では進まない …………14

第2章
「資質・能力」と授業づくり

1　「資質・能力」とは …………18
2　生きて働く「知識及び技能」とは …………22
3　生きて働く「知識及び技能」を習得させる授業 …………24
4　「思考力，判断力，表現力等」における「見通し」 …………30
5　「思考力，判断力，表現力等」における「統合的・発展的」 …………38
6　「学びに向かう力，人間性等」の具体的な様相 …………46

第3章
「主体的な学び」と授業づくり

1 ふわっとした「主体的・対話的で深い学び」……54
2 本当の意味での「主体的な学び」……56
3 子どもの問いが「めあて」に……60
4 形式的な指導は「対話的な学び」「深い学び」につながらない……64
5 「主体的な学び」を引き出すしかけ……68
6 しかけのポイントはズレ……70
7 導入が授業の8割を決める……74

第4章
「対話的な学び」と授業づくり

1 形式的な対話では子どもは動かない……78
2 道徳授業に見る「対話的な学び」のしかけ……82
3 問いをもち解決方法が見えると話したくなる……86
4 新しいことや共通点が見えると話したくなる……88
5 別の場面が見えると話したくなる……92
6 既習との関連が見えると話したくなる……96
7 「対話的な学び」に必要な教師のアンテナ……100

もくじ

第5章
「深い学び」と授業づくり

1 発展問題ができれば「深い学び」? ……104
2 「主体的な学び」「対話的な学び」が「深い学び」を左右する ……108
3 子どもが問題場面を創造する ……110
4 「深い学び」に導く偶然性の指摘 ……112
5 深く学ぶと,見えないものが見えてくる ……116
6 子どもに任せることで,学びは深まる ……120

第6章
「数学的な見方・考え方」と授業づくり

1 「数学的な見方・考え方」とは ……124
2 帰納的な考え方 ……128
3 類推的な考え方 ……130
4 演繹的な考え方 ……132
5 単位の考え ……134
6 そろえる ……136
7 観点を決めて分ける ……138

8 同じものを見つける ……………………………………………… 140
9 絞り込む ………………………………………………………… 142
10 置き換える ……………………………………………………… 144
11 拡げる …………………………………………………………… 146
12 形式指導に陥ってはいけない「〜に着目して」……………… 150

第7章
「数学的活動」と授業づくり

1 「算数的活動」から「数学的活動」へ ………………………… 156
2 活動は目的ではない …………………………………………… 158
3 その「数学的活動」に問いはあるか …………………………… 160

第8章
新領域「データの活用」と授業づくり

1 「データの活用」とは …………………………………………… 164
2 データを分類整理したくなるしかけ …………………………… 166
3 データを批判的に考察したくなるしかけ ……………………… 170

もくじ

第9章
「考えを表現し伝え合う活動」と授業づくり

1 積極的な導入が求められる
  「考えを表現し伝え合う学習活動」……176
2 ただ表現すれば,
  「思考力,判断力,表現力等」は高まる？……178
3 「まとめ」に取り組ませる目的……180
4 説明活動とノート記述をリンクする……182
5 記述による表現のポイント……186
6 タイミングとタイムラグ……188

あとがき

第1章

学習指導要領の
キーワードに
振り回されないために

CHAPTER
1

1 キーワードに振り回されてきた学校現場

▶ 学校現場に主体性はあるか

　学習指導要領には，改訂のたびに様々なキーワードが盛り込まれます。

　例えば，新しい学習指導要領の解説の中に，次の一文があります。

> 児童生徒に目指す資質・能力を育むために「主体的な学び」，「対話的な学び」，「深い学び」の視点で，授業改善を進めるものであること。

　この解説文に見られるキーワードは，「主体的・対話的で深い学び」です。このようなキーワードが生まれると，「主体的・対話的で深い学びのある授業を教室で実現してください」といった通達が，教育委員会から各学校に伝えられ，学校では校内研修の内容がそれに合わせて変えられていきます。このような学校現場の取組は，学習指導要領改訂のたびに繰り返されてきました。

　さて，この学校現場の取組に主体性はあるのでしょうか。「主体的な学び」による授業改善を求めておきながら，教

師は受動的になっていないでしょうか。教師一人ひとりが主体的に学習指導要領に働きかけていかなければ，本当の意味での授業改善を進めることはできません。

▶ 消えていったかつてのキーワード

これまでの改訂でも多くのキーワードが生まれ，そのたびに学校現場はそれに振り回されてきました。

例えば「ゆとり教育」というキーワードが生まれました。「ゆとり教育を実践して子どもたちに生きる力を育む」と声高に叫ばれました。学校現場では，学習内容が削減されたことに合わせて，総合的な学習の時間の充実を進めたり，体験的な学習を取り入れたりしました。

ところが，その後各方面からの学力低下の指摘を受け，国の方針が「学力向上」へと変更されます。それまで「ゆとり教育」を進めていた学校現場は大混乱です。「ゆとり教育」は一夜にして吹き飛び，「学力向上」が至上命題になって，学校行事の削減やドリル学習の徹底などが推進されました。両極端に学校現場が振り回された典型例です。

この他にも多くのキーワードが生まれてきましたが，ここで見てきた問題は，**キーワードの背景にある学習指導要領改訂の本質を見ることなく，教師が表層ばかりにとらわれてきたことに原因がある**のではないでしょうか。

私たち教師は，もっと学習指導要領が求める改訂の本質を知り，授業改善を進める必要があります。

2 新しい学習指導要領のキーワード

▶ 新しい学習指導要領のキーワード

　新しい学習指導要領でも，主に算数に関わるところだけざっとあげてみても，次のようにいろいろなキーワードが見られます。

○資質・能力（三つの柱）
○主体的・対話的で深い学び
○数学的活動
○数学的な見方・考え方
○データの活用
○統合的・発展的に考察する力
○学びの過程

▶ キーワードの本質を捉える

　たくさんキーワードがありますが，どれもこれまでまったく見たことがなかったもの，あるいは取り組んだことがなかったことでしょうか。

例えば、「主体的・対話的で深い学び」による授業改善を、新しい学習指導要領では強く求めています。

では、これまで小学校の先生方は、子どもが主体的に学ぶ授業を進めてこなかったでしょうか。

そんなことはないはずです。

子どもたちが算数に対して興味・関心をもてるような教材を開発したり、教材の見せ方を工夫したりしてこなかったでしょうか。

また、子どもたちが対話する授業を進めてこなかったでしょうか。

小学校では、子どもが主体的になれば、特別な手立てを講じなくても、自然に「対話的な学び」を深めていきます。小学校の子どもは、自分の考えがあれば、それを発表したくなるのが一般的です。

つまり、「対話的な学び」は、問題解決的な算数授業では普通に行われてきたのです。もっと言うと、「対話的な学び」のない算数授業は、計算練習など習熟に取り組む学習場面以外では存在しないはずなのです。

このように、たくさんあるキーワードに対して漠然とした不安を覚えるのではなく、そこで求められていることの本質をしっかりと捉え、**変えるべきことと変えなくてよいことをしっかりと見極めて授業改善を進めること**です。

3 キーワードの具現は形式的な指導では進まない

▶ 改訂の経緯を知ることも重要

　新しい学習指導要領のキーワードに対して漠然とした不安を覚えるのではなく、そこで求められていることの本質をしっかりと捉えることが大切であると述べました。

　ところが、現在の小学校現場には、前回の学習指導要領改訂を経験していない若手の先生が非常に多くなり、キーワードに振り回されやすい危険をはらんでいます。

　例えば、「主体的・対話的で深い学び」について言うと、もともとは、講義形式が中心だった高等（大学）教育の改善で提言された「アクティブ・ラーニング」に端を発するもので、このような教師の説明中心の受動的な授業は、学校段階が上にいくほど多く見られる傾向があります。先にも述べた通り、小学校に限れば、「主体的・対話的で深い学び」は以前から自然な形で比較的広く浸透しており、急に新しいスタイルの授業を始めることを求められているわけではありません。

　このように、**学習指導要領改訂の経緯や、改訂が小学校だけでなく中学校や高等学校も連動して行われているということへの理解も必要**です。

▶ 形式的な指導に陥らないために

　新しい学習指導要領のキーワードに振り回された結果，最も危惧されるのが，表層ばかりにとらわれた，形式的な指導に陥ることです。

　実は，私のまわりでも，すでにそのような兆候は見られます。

　ある研修会で，参加者の先生方のお悩みを聞くコーナーがありました。そこで，ある先生から次のような質問が出されました。

　「対話的な学びを進めるために，ペア対話や４人でのグループ学習を取り入れるように学校の校内研修で言われています。しかし，無理やり対話を取り入れても，子どもたちが本気で話し合っていない気がします。このような対話的学びを進めていてよいのでしょうか…？」

　つまり，この先生の学校では，「対話的な学び」を取り入れることが形式的に進められようとしているのです。何のために「対話的な学び」を取り入れるのか，本質を捉えて授業改善を進めることが大切なのにもかかわらず，「対話」という表面のみを捉え，形式的に対話場面を取り入れようとしているのです。

　このように，改訂の本質を捉えることなく，単なる形式的な指導を行っていると，本当の意味での授業改善にはまったくつながりません。

「対話的な学び」は，少なくとも「1時間の授業の中で，ペアでの説明と4人1組での対話の場面を必ず1回ずつは位置付ける」というようなものではありません。

　そこには，子どもが自分の考えをもち，友だちにそれを伝えたい，友だちの意見を聞きたいと考える「主体的な学び」の姿勢が不可欠です。**子どもたちにそのような学びの姿勢ができたときこそが，「対話的な学び」を取り入れるべきタイミング**なのです。

　この他にも多くのキーワードがありますが，いずれも形式的にそれらの活動を取り入れても意味はありません。何のためにそれらの活動が示されているのかを考えて，子どもに寄り添った授業を進めることが大切です。

　次章からは，改訂の本質とそこにつながる具体的授業例を示していきます。

第2章

「資質・能力」と
授業づくり

1 「資質・能力」とは

▶育成を目指す力＝資質・能力

「キーワードが多すぎて,いったい何をすればよいのかわからない」

こんな声を,学習指導要領改訂後よく耳にします。「資質・能力」もその1つです。

新しい学習指導要領の解説には,「資質・能力」について,次のような説明があります。

> 今回の学習指導要領の改訂では,算数科・数学科において育成を目指す資質・能力を,「知識及び技能」,「思考力,判断力,表現力等」,「学びに向かう力,人間性等」の三つの柱に沿って明確化し,各学校段階を通じて,実社会との関わりを意識した数学的活動の充実等を図っており,小学校算数科の目標についても,「知識及び技能」,「思考力,判断力,表現力等」,「学びに向かう力,人間性等」の三つの柱で整理して示した。

この説明から,「資質・能力」とは,育成を目指す3つ

の力であることがわかります。それが次の3つです。

○知識及び技能
○思考力，判断力，表現力等
○学びに向かう力，人間性等

そして，算数科の目標についても，この「三つの柱」で整理されたのです。

以上のことから，「資質・能力＝三つの柱＝算数科の目標」と大きく捉えることができます。

▶「三つの柱」

「知識及び技能」「思考力，判断力，表現力等」は，これまでの学習指導要領にも同様の文言がありました。したがって，この2つについては，その意味を理解されている先生も多いのではないでしょうか。

一方，「学びに向かう力，人間性等」は，今回新しく登場してきたキーワードです。これまで目標に示されていた「関心・意欲・態度」の言葉は消えました。したがって，「関心・意欲・態度」が「学びに向かう力，人間性等」に置き換わったと考えることができます。

では，新しい学習指導要領の解説では，どのように説明がされているのでしょうか。

> 「生きる力」をより具体化し，教育課程全体を通して育成を目指す資質・能力を，ア「何を理解しているか，何ができるか（生きて働く「知識・技能」の習得）」，イ「理解していること・できることをどう使うか（未知の状況にも対応できる「思考力・判断力・表現力等」の育成）」，ウ「どのように社会・世界と関わり，よりよい人生を送るか（学びを人生や社会に生かそうとする「学びに向かう力・人間性等」の涵養）」の三つの柱に整理するとともに，各教科等の目標や内容についても，この三つの柱に基づく再整理を図る

この説明を読んで，その内容がより具体的に理解できる教師は，いったいどれくらいいるでしょうか。例えば，「学びに向かう力，人間性等」については，「どのように社会・世界と関わり，よりよい人生を送るか」と解説されています。しかし，算数の授業で「どのように社会・世界と関わ」るかを意識した授業を具現することは可能なのでしょうか。さらには，算数の授業を通して「よりよい人生を送る」ことを考えていくことは可能なのでしょうか。

▶ 算数科の目標

では，「三つの柱」で整理された算数科の目標は，どのように示されているのでしょうか。

> 　数学的な見方・考え方を働かせ，数学的活動を通して，数学的に考える資質・能力を次のとおり育成することを目指す。
> (1) 数量や図形などについての基礎的・基本的な概念や性質などを理解するとともに，日常の事象を数理的に処理する技能を身に付けるようにする。
> (2) 日常の事象を数理的に捉え見通しをもち筋道を立てて考察する力，基礎的・基本的な数量や図形の性質などを見いだし統合的・発展的に考察する力，数学的な表現を用いて事象を簡潔・明瞭・的確に表したり目的に応じて柔軟に表したりする力を養う。
> (3) 数学的活動の楽しさや数学のよさに気付き，学習を振り返ってよりよく問題解決しようとする態度，算数で学んだことを生活や学習に活用しようとする態度を養う。

　前出の説明と比較すると，「これなら何となくわかる」と考えられる先生も多いのではないでしょうか。

　しかし，この中にも，**気を付けないと形式的な指導に陥りそうなキーワードがいくつか含まれています**。次項からは，3つの資質・能力についてポイントを説明していきます。

2 生きて働く「知識及び技能」とは

▶「知識及び技能」＝覚えればOK？

「知識及び技能」に関わる算数科の目標を再掲します。

> (1) 数量や図形などについての基礎的・基本的な概念や性質などを理解するとともに、日常の事象を数理的に処理する技能を身に付けるようにする。

「知識及び技能」というと、「面積の公式を覚えればいいんでしょ」「計算が正しくできればいいんだよね」と思われる先生も多いのではないでしょうか。これらは、身に付けるべき基礎的・基本的な内容の部分です。

もちろん、公式などの内容を、知識として確実に身に付けることは大切です。また、計算問題を正しく解ける技能も大切です。これらの内容に関わる「知識及び技能」がなければ、系統性の高い算数の学習を理解することは難しくなります。例えば、2年生の「かけ算」でかけ算九九が身に付いていなければ、3年生の「わり算」の問題を解くことはできません。

しかし、習得を目指す「資質・能力」は、基礎的・基本

的な内容だけではありません。つまり，**身に付けるべき内容を暗記することだけがゴールではない**のです。

▶ 大切なのは背景にある概念や性質の理解

「公式を覚える」「計算ができる」ことだけがゴールなら，公式を覚えさせ，計算をさせればよいのです。これだけなら，中学受験が目的の進学塾の目指すゴールと変わりません。しかし，学習指導要領が目指す本当のゴールはそこではありません。

"生きて働く"「知識及び技能」は，「公式を覚えている」「計算ができる」というような単純なものではないのです。

新しい学習指導要領の解説に，次の説明があります。

> 身に付けるべき基礎的・基本的な内容の習得を重視するとともに，その背景にある概念や性質についての理解を深めながら，概念や性質の理解に裏付けられた確かな知識及び技能を習得する必要がある。

基礎的・基本的な内容の「背景にある概念や性質についての理解を深め」ることが大切なのです。

すなわち，**公式や計算の仕方の背景にある概念や性質の理解までが求められている**のです。

3 生きて働く「知識及び技能」を習得させる授業

▶ 形式的な指導は必要ない

「背景にある概念や性質についての理解を深め」ることについて、新しい学習指導要領の解説では、次のような例が示されています。

> 分数の除法の計算の仕方を学ぶ際には、意味を踏まえないまま公式などを暗記させたり、計算を形式的に速く処理できることを技能として求めたりするなど、形式的な学習指導に終わるのではなく、計算の仕方の基に原理・原則があることや、原理・原則をうまく使って形式的な処理の仕方が考え出されることを理解することなどが大切である。

公式は教師が一方的に示し、計算を速くできるようにするために練習の方に時間を割く授業は多く見られますが、そういった指導を解説は否定しています。このような形式的な指導は必要ないということです。

▶計算の原理・原則からスタートする

6年生「分数のわり算」の授業例で考えていきましょう。「分数のかけ算」の学習を終えた子どもたちに、次のような問題を提示します。

> $\frac{2}{4}$分で$\frac{□}{□}$Lのジュースをつくるマシンがあります。
> 1分では何Lのジュースをつくることができますか。

子どもたちに、□の中がどんな数だったら簡単に計算ができそうかを尋ねます。子どもからは、「$\frac{2}{4}$」「$\frac{4}{8}$」「偶数なら簡単」などの声が上がります。そこで、□に$\frac{4}{8}$を入れた問題を考えることにしました。

「$\frac{2}{4}$分で$\frac{4}{8}$Lのジュースをつくる」場合、子どもたちはこの問題から生まれる式を、「$\frac{4}{8}÷\frac{2}{4}$」と考えました。分数÷分数の除法は、この時点では未習です。この場面で、「分数のわり算は、わる数をひっくり返してかけ算にして計算すればよいのです」と計算の仕方を教師が一方的に教えてしまってはいけません。「計算の仕方の基に原理・原

則があることや,原理・原則をうまく使って数学的な処理の仕方が考え出されること」を子どもに実感させることが大切です。そのためには,**解決方法を考えることを子どもに任せればよい**のです。

次のように子どもに投げかけます。

「$\frac{4}{8} \div \frac{2}{4}$ は習っていない計算だね。これはできないなぁ…」

すると,子どもから次のような声が上がってきます。

「できるよ。$\frac{4 \div 2}{8 \div 4}$ と計算すればいいよ」(A君)

「そうだよ。今までと同じだよ」

A君の考えの背景を理解できるでしょうか。

この学習の前に,子どもたちは分数×分数の乗法の計算に取り組んでいました。A君は,**分数の乗法の計算の原理・原則を分数の除法にも適用して考えた**のです。

すなわち,分子同士・分母同士の数字をかけ算するという計算の原理・原則を,分数の除法にも当てはめたのです。

▶ 計算の原理・原則を共有する

しかし,A君の考え方は,すぐにはクラス全体に理解されません。このような場面で大切なのは,原理・原則をうまく使って計算の処理の仕方を導いたA君の考え方を,クラス全体で共有することです。

そこで、次のように子どもに投げかけます。

「A君の『$\dfrac{4÷2}{8÷4}$と計算すればいいよ』という気持ちはわかるかな？」

このように、A君の気持ちを問いかけるのです。

子どもたちは、次のように説明していきます。

「今まで勉強していた分数のかけ算は、分子×分子と分母×分母だったでしょ。だから、この問題も同じように考えたんだよ」

「そうそう、分数のかけ算とわり算を同じように計算したんだよ」

このように展開することで、「計算の仕方の基に原理・原則があること」をクラス全体で共通理解することができるのです。

▶原理・原則を使った数学的な処理の仕方を引き出す

分数の除法の計算を、分数の乗法の原理・原則から導き出した子どもたちは、次のように考えていきます。

「この問題は、分子は4÷2で2でしょ。分母は8÷4で2でしょ。だから答えは、$\dfrac{2}{2}$で1になるよ」

「対話的な学び」とも言えるここまでの子どもたちの考え方は、数字上の処理の世界だけでの話し合いです。この

考え方が妥当かどうかは、まだ確認してはいません。

そこで、次のように投げかけます。

「答えは本当に1でいいのかな？」

子どもたちからは、次の声が上がってきます。

「だったら図をかいて考えればいいよ」

分数の乗法の学習では、計算の妥当性を図を使って考えてきました。子どもたちは、この場面でも計算の仕方の原理・原則を適用して考えようとしたのです。

子どもたちが、図を使って分数の除法の計算の仕方を考えていきます。子どもたちは下のような図をかきました。

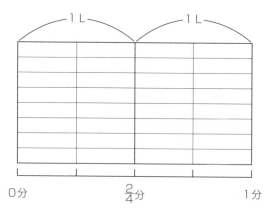

求められているのは、1分当たりのジュースの量です。図からも、答えが1Lで正しいことがわかります。

この結果、分数の除法におけるA君の考え方の妥当性が確かめられました。

ここまでの子どもたちの追究は，以下のようにまとめられます。

分数の乗法の計算の知識・理解
　→分数の除法への乗法の計算方法の適用
　　→分数の除法の計算方法の確かさを図で確認

　このように，**生きて働く「知識及び技能」を習得させるとは，子ども自身が既習の「知識及び技能」を自ら関連付けて，新しい問題場面を解決していく姿を引き出すこと**だと言えるのではないでしょうか。

4 「思考力, 判断力, 表現力等」における「見通し」

▶「思考力, 判断力, 表現力等」の具体

「思考力, 判断力, 表現力等」を育てることの重要性は, これまでにも繰り返し指摘されてきました。新しい学習指導要領でも, この力をより一層育てていくことが重視されています。

「思考力, 判断力, 表現力等」に関わる算数科の目標を再掲します。

> (2) 日常の事象を数理的に捉え見通しをもち筋道を立てて考察する力, 基礎的・基本的な数量や図形の性質などを見いだし統合的・発展的に考察する力, 数学的な表現を用いて事象を簡潔・明瞭・的確に表したり目的に応じて柔軟に表したりする力を養う。

「思考力, 判断力, 表現力等」という言葉自体は, これまでにも使われてきましたが, 具体的にどのような力を育てればよいのでしょうか。上の記述の中には, いくつかの具体的なキーワードが示されています。

> ○見通しをもち筋道を立てて考察する
> ○統合的・発展的に考察する
> ○事象を簡潔・明瞭・的確に表す

▶「見通しをもつ」とは

　「見通しをもつ」。これも，これまでにたくさん使われてきた言葉です。
　問題解決型の授業では，「見通し」と呼ばれる段階が授業展開の中にあります。問題文を教師が提示した後に，「この問題の見通しを立ててみよう」などと教師が投げかける光景が見られます。
　しかし，学習指導要領が求めているのはそれとは異なります。形式的に「見通し」の場面を設定することを求めているのではありません。
　問題に出合った子どもは，その問題を解くための方法を考えます。
　「今までと同じ方法で解けるのかなぁ…」
　「前に勉強した単位量当たりの大きさと似ているけど，その方法を使ってもいいのかな…」
などと，**既習の学習を想起し，それと関連付けながら解決方法を考えていきます**。このような場面を大切にすることを述べているのです。

しかし，問題に出合ったときにこのように子どもが考えるのは当たり前のことです。では，ここでの教師の役割は何でしょうか？

▶「見通し」の中身こそが大切

問題に出合ったあとで「見通し」をもつことは，問題を考えていくうえで当たり前のことです。

しかし，子どもの思考を分析すると，子どもたちは大きく３つのパターンで頭を働かせていることがわかります。この３つのパターンは，新しい学習指導要領の解説で，次のように述べられています。

> 幾つかの事例から一般的な法則を帰納したり，既知の似た事柄から新しいことを類推したりする。また，ある程度見通しが立つと，そのことが正しいかどうかの判断が必要となり，このときは既知の事柄から演繹的に考えたりする。

ここでは，「数学的な考え方」としてこれまでにも重視されてきた**「帰納的な考え方」「類推的な考え方」「演繹的な考え方」**の大切さについて述べています。

教師は，子どもたちが見通しをもつ場面で，子どもの思考のパターンがこれらの３つのどれなのかを判断することが大切なのです。

しかし,単に判断するだけでは不十分です。判断した思考のパターンを価値付け,クラス全体で共有することが大切です。
　では,具体的にどのように分析し,価値付けを行えばよいのでしょうか。

▶「速さ」の学習における「見通し」

　5年生「速さ」単元の学習を具体例として紹介します。子どもたちに,次のように投げかけました。

> B君とトイプードルでは,どちらが走るのが速いですか。

　B君が50m走でクラスNo.1の速さであることは,クラス全員の共通認識になっています。
　しかし,この問題文のままでは,当然両者の速さを比較することはできません。すると,子どもたちから,
　「両方を同時に走らせてほしい」
という声が上がりました。確かに,それなら速さは一目瞭然です。同じ距離を同時に走る状況を想定したのです。
　しかし,学校にトイプードルを連れてくることはできません。
　そこで,B君とトイプードル,それぞれが走る映像を見せました。ただし,トイプードルの映像は,意図的にスロ

一再生に加工しています。

　やはり，このままでは速さを比較することはできません。そこで，子どもから生まれてきたのは，次の声でした。

「B君とトイプードルが走った距離と時間を教えてほしい」

「そうだよ。それがわかれば比べられるよ」

　そこで，2つの情報を子どもたちに教えることにしました。

「B君は41mを6.4秒で走りました。トイプードルは31mを5.2秒で走りました」

　両者の走った距離は，バラバラです。

　しかも，すぐには速さの比較ができないように，距離に素数を使っています。子どもからも，

「うわぁ～，バラバラだ…」

と声が上がりました。提示された情報を見ただけでは判断をすることはできないのです。

　そこで，子どもたちにあえて次のように投げかけました。

「走った距離も時間もバラバラだから比べられないね」

　ここからが「見通し」に当たる場面です。

子どもからは，次の声が上がってきました。

　「できるよ。前に勉強した単位量当たりの大きさと同じだよ」

　「そうだよ。人口密度の勉強では面積も人数もバラバラだったでしょ。それと同じだよ」

　「どっちかをそろえればいいだけだよ」

　子どもたちは，既習の「単位量当たりの大きさ」の学習で学んだ考え方を活用すれば，速さを比較できるという「見通し」をもったのです。

　この考え方は，前掲の新しい学習指導要領の解説の記述の「既知の似た事柄から新しいことを類推したりする」に該当する考え方です。すなわち，**「単位量当たりの大きさ」での考え方が，「速さ」の学習にも当てはめられると考えた**のです。

▶生まれてきた「見通し」を価値付ける

　子どもたちは，類推的な考え方を活用すればB君とトイプードルの速さを比べられると「見通し」をもったのです。教師は，この子どもの考え方を分析するだけではなく，この考え方を価値付けることが大切です。

　「B君とトイプードルの速さは，走った距離も長さもバラバラだから比べられないと思ったけど，前に勉強した単位量当たりの大きさの考えを使えば解けそうなんだね。**前の勉強を思い出して，それを使って考えようとするなんて**

すごいなぁ」

　このように，生まれてきた「見通し」の価値，この場合は，類推的な考え方について具体的に価値付けることが大切です。このような価値付けを教師が繰り返すことで，子どもたちはどのように考えていくことが大切なのかを学んでいくのです。

　さて，この授業での「見通し」の場面は，もう少し続きます。

　子どもたちは，さらに次のように声を上げます。

「1m当たりで比べればいいよね」

「そうだよね。それが一番簡単だよね」

　子どもたちは，1m当たりで比較することが簡単だと考えたのです。「速さ」の単元ですが，1秒当たりである秒速の発想ではないのです。単位量当たりの大きさでの「人口密度」は，面積を基本単位にそろえて考えました。その考え方を類推的に活用すれば，時間よりも長さの単位にそろえる方が子どもにとっては，自然なのかもしれません。

　1秒当たりにそろえる発想は，その後生まれてきました。

「だったら，1秒当たりにそろえる方法もあるよね」

「それだったら，最小公倍数でもいいよね」

「B君は41m走ったでしょ。トイプードルは31m走ったでしょ。2つの長さの最小公倍数は41×31で1271mにそろえてもいいよね」

　最小公倍数にそろえる発想は，「単位量当たりの大きさ」

の学習でも生まれてきました。これも,類推的に考えている場面だと言えます。

いずれの方法でも,B君とトイプードルの速さを比較することはできました。どの方法でも,B君が速いことがわかりました。

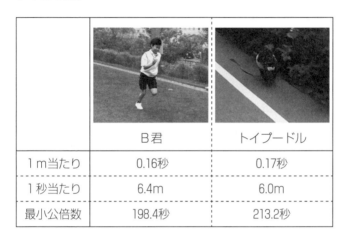

	B君	トイプードル
1m当たり	0.16秒	0.17秒
1秒当たり	6.4m	6.0m
最小公倍数	198.4秒	213.2秒

5 「思考力,判断力,表現力等」における「統合的・発展的」

▶「統合的」とは

　「統合的に考察する」ことを,新しい学習指導要領の解説では,次のように説明しています。

> 　異なる複数の事柄をある観点から捉え,それらに共通点を見いだして一つのものとして捉え直すことであり,算数の学習で大切にすべきものである。

　共通点のある複数の事柄を,同じものとして捉え直す考え方のことを「統合的に考察する」と述べていますが,この説明はかなり抽象的なので,簡単な事例で考えます。

　地球上にはたくさんの虫がいます。例えば,カブトムシ,コオロギ,モンシロチョウ,バッタ,トンボ,クモ,ミミズがいます。これらの中で,クモ・ミミズ以外の虫は,いずれも足の数が6本という点が共通しています。また,体が頭・胸・腹の3つに分かれている点も共通しています。この2点で先の虫を統合的に考察すると,「カブトムシ,コオロギ,モンシロチョウ,バッタ,トンボ」が1つの仲間に見えてきます。これらを「昆虫」と呼ぶわけです。

▶複数の単元を統合的に捉え直す

では,算数の授業であれば,どのような場面で「統合的に考察する」状況が生まれるのでしょうか。

これは,前項で紹介した「速さ」の単元が当てはまります。「速さ」の問題は,次のものでした。

> B君とトイプードルでは,どちらが走るのが速いですか。

この問題では,「B君は41mを6.4秒で走りました。トイプードルは31mを5.2秒で走りました」という情報だけを子どもたちに提示しました。

この情報から,子どもたちは,
「1m当たりにそろえて比べる」
「1秒当たりにそろえて比べる」
「距離の最小公倍数にそろえて比べる」
と考えました。

そして,いずれの方法でもB君が速いことがわかりました。

この学習では,見通しの場面で子どもたちは,
「単位量当たりの大きさと同じだよ」
「人口密度と同じ考えだよ」
と気付きました。

そして，この気付きを基に実際に問題解決を進めることで，同じ考え方で解くことができることが証明されたのです。
　一見，全く異なる内容に見える「単位量当たりの大きさ」と「速さ」の学習が，「考え方」という視点で見直すと同じ仲間であることが見えてきたのです。

▶ 子どもが気付くことが大切

　「統合的に考察する」場面で大切なことは，**子どもが統合的に考察したくなるように授業を構成すること**です。「統合的に考察する」ことが大切だからと考えるあまり，教師が次のように先回りすることは避けなければいけません。
　「速さ」の学習場面を例にします。
　「B君とトイプードルは，走る距離も時間もバラバラだね。前に似たような勉強をしたよね」
　無理やり既習事項を想起させ，関連付けさせようとしているのです。
　さらに，次のような先回りはもっといけない指示です。
　「B君とトイプードルは，走る距離も時間もバラバラだね。単位量当たりの大きさの勉強で似たようなことをやりましたね」
　統合的に考える対象を，教師が指示してしまっているのです。

繰り返しますが,「統合的に考察する」場面で大切なことは,子どもが統合的に考察したくなるように授業を構成することです。

そして,子どもから生まれてきた統合的な考察を価値付けることです。

▶「発展的」とは

「発展的に考察する」ことを,新しい学習指導要領の解説では,次のように説明しています。

> 物事を固定的なもの,確定的なものと考えず,絶えず考察の範囲を広げていくことで新しい知識や理解を得ようとすることである。

「統合的に考察する」ことよりも,「発展的に考察する」ことの方が,イメージがしやすいのではないでしょうか。考察の対象範囲を,子ども自らが拡張して考えていくことの大切さを述べています。

対象範囲を拡張することで,これまでと同じ方法で問題が解決できる場合があります。一方,範囲を拡張しても,それまでとは同じ方法では解決ができない場合があります。この場合は,解決のための新しい原理や法則が必要になってくるわけです。

▶「分数÷分数」の学習における発展的な考察

「分数÷分数」の授業例を先に紹介しました。

この授業では,「$\frac{2}{4}$分で$\frac{4}{8}$Lのジュースをつくる」問題の計算方法を考えました。

$\frac{4}{8} \div \frac{2}{4}$の計算を,子どもたちは,

「$\frac{4 \div 2}{8 \div 4}$と計算すればいいよ」

「そうだよ。今までと同じだよ」

と考えて計算を進めました。

「分数×分数」の計算方法が,分数÷分数の計算にも使えるだろうと類推的に考えたのです。

この計算方法は,図でも確認した結果,正しく計算できることが見えてきました。この時点では,子どもたちは「分数×分数」と「分数÷分数」を統合的に捉えていると考えられます。

ところが,この計算を終えた時点で,次のような声が生まれてきました。

「でもさぁ,われない計算だったらどうするの?」

「今は偶数÷偶数だからいいけど,奇数になったら計算できないよ」

「例えば，$\frac{6}{8} \div \frac{2}{3}$ だと計算ができないよ」

それまで子どもたちが考えていたのは，分子も分母もそのままでわりきれる範囲でした。その範囲だけで考えれば，「分数×分数」と同じ計算方法が適用でき，統合的な考察は成立していたのです。

ところが，考察の範囲を拡張すると，例外が見えてきます。それを指摘したのが，上記の子どもたちの声です。

子どもから生まれてきた，

「$\frac{6}{8} \div \frac{2}{3}$ だと計算ができないよ」

を例に考えます。

分子の $6 \div 2$ はわりきれます。ところが分母は $8 \div 3$ ですから，わりきれません。このまま計算すると，答えは「$\frac{3}{2.666\cdots}$」となってしまいます。子どもたちが考えた，「分数×分数」の計算方法を「分数÷分数」にも当てはめる統合的な考察の限界が見えてきました。

▶ 発展的な考察が新たな解決策を生む

限界に気付いた子どもたちに，次のように投げかけます。
「分母はわりきれないね。やっぱり分数のわり算はできないんだね」

発展的な考察によって，拡がった新たな対象範囲の解決

策を考えさせるための投げかけです。この投げかけで,子どもたちは新たな対象範囲の解決策を,視点を変えて検討し始めます。

子どもからは,次の声が上がってきました。

「だったら,われるようにすればいいよ」

「$\frac{6}{8}$を倍分して$\frac{2}{3}$でわれるようにすればいいんじゃないかな」

「そうか! それなら計算ができるね」

「$\frac{6}{8}$の分母と分子に3をかければいいよ。$\frac{18}{24}$なら$\frac{2}{3}$でわれるよ」

「分子は18÷2 = 9で,分母は24÷3 = 8だから,$\frac{9}{8}$だね」

子どもたちは,これまでに分数の分母・分子に同じ数をかけても大きさは変わらない「倍分」の学習をしています。この学習を活用すれば,解決できると考えたのです。この視点の転換も,発展的な考察が表れた場面と言えます。

そして,発展的な考察から生まれてきた「倍分」を使うという手立てで計算を行うことで,計算できないと思っていた「分数÷分数」の計算が解決できたのです。

▶ 発展的な考察を教師が価値付ける

ところで、発展的な考察が生まれてきたとき、教師はそれで満足しているだけではいけません。

発展的な考察が生まれ、問題が解決できたことを、教師が具体的に価値付けることが大切です。この価値付けが、別の場面での発展的な考察を引き出すことにつながるからです。

この場面であれば、次のように価値付けます。

「前に勉強した『倍分』を使えば、わりきれなくて計算ができないと思っていた『分数÷分数』も計算ができるね。全然別のものと思っていた前の勉強と今の勉強をつなげて考えられることは、とてもすごいことだね」

発想のすばらしさを価値付けるのです。

6 「学びに向かう力, 人間性等」の具体的な様相

▶「学びに向かう力, 人間性等」とは

　今回の学習指導要領改訂に関する中教審の答申では,「学びに向かう力, 人間性等」について, 次のように説明しています。

> 　言葉を通じて, 社会や文化を創造しようとする態度, 自分のものの見方や考え方を広げ深めようとする態度, 集団としての考えを発展・深化させようとする態度, 心を豊かにしようとする態度, 自己や他者を尊重しようとする態度, 自分の感情をコントロールして学びに向かう態度, 言語文化の担い手としての自覚が挙げられる。

　簡単に言うと, 新しいものをつくり出そうとする「態度」と「自覚」を育成することを述べています。

　しかし, かなり抽象的な説明です。

　そこで,「学びに向かう力, 人間性等」に関する算数科の目標を再掲します。

> (3) 数学的活動の楽しさや数学のよさに気付き，学習を振り返ってよりよく問題解決しようとする態度，算数で学んだことを生活や学習に活用しようとする態度を養う。

　この記述を見ると，少し具体的な様相が見えてきます。ここでも，算数の学習に対する態度や心情面を培うことを述べています。

　この目標の背景の1つには，国際的な学力調査などの結果で，日本の子どもの算数嫌いが他国と比べて多いという事実があります。すなわち「算数が楽しい」と感じている子どもが少ないということです。

▶「数学的活動の楽しさに気付く」とは

　「数学的活動の楽しさに気付く」とは，どういうことでしょうか。算数の授業を楽しんでいればよいのでしょうか。算数の授業の楽しさには，テストで100点をとったときに感じる楽しさがあります。しかし，学習指導要領で求めているのは，そういった楽しさではありません。

　気付くのは，「数学的活動の楽しさ」なのです。では，数学的活動とはどのような活動でしょうか。数学的活動については後章でも述べますが，新しい学習指導要領の解説では，次のように説明しています。

> 事象を数理的に捉えて，算数の問題を見いだし，問題を自立的，協働的に解決する過程を遂行することである。

　すなわち，**子どもが算数の授業の中で見つけた算数（数学）の問題を解決する過程そのものが楽しいことに気付く態度を養うことが大切**ということです。

　算数の授業の中で子どもが見つけた問題は，

「どうやって解いたらいいの」

「もっと簡単に答えを求める方法はないの」

などの切実な思いです。この切実な思いは，子どもにとってはもやもやしたものです。このもやもやは，一刻も早く解決したいはずです。この解決の過程，そして，もやもやが解決していく過程は，子どもにとってはとても楽しい時間です。もやもやが晴れて，それまでできなかったことができるようになるのです。このような楽しさに気付かせることが大切なのです。

　この楽しさに気付かせるために大切なのは，**授業のどこかで子どもがもやもやを感じるような授業を構成する**ことです。そして，そのもやもやをクラス全体で解決する過程を位置付けることです。

▶ 数学的活動の楽しさに気付かない授業

では,数学的活動の楽しさに気付かない授業とは,どんな授業でしょうか。

6年生「比例・反比例」の授業を例に考えます。

この単元では,比例の2量をグラフに表現する学習があります。この学習を次のように展開します。

> 宇宙探査船ボイジャーは1年間に5億kmの速さで太陽系の外側へ向かって飛行しています。ボイジャーが飛行している年数を x 年,飛行距離を y 億kmとして表にかきましょう。

経過（年）	0	1	2	3	4	5
ボイジャー（億km）	0	5	10	15	20	25

比例関係を表にすることは既習事項です。子どもたちは上のような表にまとめます。そこで次の指示を出します。

「この表を折れ線グラフに表しましょう」

子どもたちは,教師の指示通りに右のような表を完成します。そして次のように投げかけます。

「このグラフを見て,気付いたことはありませんか？」

子どもからは「右上がりの線に

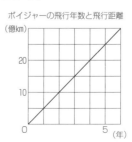

なっている」「まっすぐな線」などの気付きが上がります。

この展開で，比例関係をグラフに表現することはできました。

ところで，この授業で子どもたちが学びに向かう場面はあったでしょうか。

子どもたちは，すべて教師の指示通りに動いていただけです。**「比例関係の２量をグラフに表現する」という「知識及び技能」にしか教師の視点が向いていないので**，このような展開になるのです。グラフを用いる必要感は，子どもにはまったくありません。この授業には，子どもが感じるもやもやはないのです。

▶ もやもや→すっきりの蓄積が学びに向かう力を培う

この授業を次のように変えます。

宇宙探査船ボイジャーは１年間に５億kmの速さで太陽系の外側へ向かって飛行しています。その７年後，スーパーボイジャーが１年間に８億kmの速さでボイジャーを追い発射しました。スーパーボイジャーがボイジャーに追いつくのは何年後でしょうか。

比例のグラフ化では，２種類のデータをグラフ化する学習が後半に出てきます。その内容を，あえて冒頭に位置付

けるのです。比例関係を表にすることを学習している子どもからは，次の声が上がります。

「表にすればわかるんじゃないかな」

そこで，2つの宇宙探査船を表にします。すると，次のような表が完成します。

経過（年）	0	1	2	3	4	5	6	7	16	17	18	19
ボイジャー（億km）	0	5	10	15	20	25	30	35	80	85	90	95
スーパー（億km）	0	0	0	0	0	0	0	0	72	80	88	96

表を見た子どもから，次の声が上がります。

「18年と19年の間に追い抜いているね」

「でも，18年と19年の間のいつかはっきりしないね」

「表だとはっきりしない」

「だったら，計算で求めたらどうかな」

「計算って，どうするの？ 面倒くさそうだよね」

2つの宇宙探査船を提示することで子どもから表にデータをまとめる考えが生まれてきました。子どもが主体的に動いている姿です。

子どもたちは，表にすることで追いつく経過年数がわかると考えました。ところが，実際は18年と19年の間ということしかわかりませんでした。どうしたら18年と19年の間がはっきりとわかるのか，子どもの頭はもやもやしているのです。この状態こそ，数学的活動の楽しさに気付き，学びに向かう力を発揮し始める瞬間です。

スーパーボイジャーが追いついた経過年数を計算で求めることは，算数が苦手な子どもにはハードルが高そうです。すると，「もっと簡単な方法はないかな」と考えるのが，自然な流れです。

　子どもたちは，次のように考えました。

　「グラフとか使えないかな」

　「グラフって？　折れ線グラフならできるかな…」

　折れ線グラフで，2つの宇宙探査船のデータを表現します。グラフを見ると，18.7～18.8年であることが分かります。折れ線グラフに2種類のデータを表現したことで，もやもやしていたことがすっきりとわかったのです。

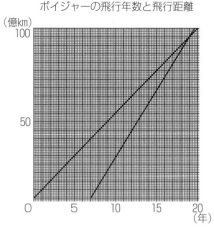

ボイジャーの飛行年数と飛行距離

　もやもやしていたことを，子どもたち自身の手で解決しすっきりする体験を蓄積することが，数学的活動の楽しさに気付くことにつながり，「学びに向かう力，人間性等」が涵養されていくのです。

第3章

「主体的な学び」と授業づくり

CHAPTER
3

1 ふわっとした「主体的・対話的で深い学び」

▶「主体的・対話的で深い学び」とは

新しい学習指導要領の解説に、次の一文があります。

> 児童生徒に目指す資質・能力を育むために「主体的な学び」、「対話的な学び」、「深い学び」の視点で、授業改善を進めるものであること。

資質・能力を育成することが、算数の目標です。この目標を達成するために、なんとなく授業を進めるのではなく、「主体的な学び」「対話的な学び」「深い学び」の視点で授業改善を進めることを求めています。この授業改善の視点について、異論を唱える先生はいないでしょう。

しかし、ここで掲げられている「主体的な学び」「対話的な学び」「深い学び」の3つの視点の捉えに、教師による差はないのでしょうか。

試しに、「主体的な学び」「対話的な学び」「深い学び」を別の言葉に置き換えてみてください。この言葉の置き換えが、どの教師も同様の意味合いになれば問題はありません。しかし、現実はそうではないのではないでしょうか。

▶「主体的な学び」を置き換えてみると

「主体的な学び」を別の言葉に置き換えてみましょう。子どものどんな姿が浮かんでくるでしょうか。

①子どもが,教師が示す「めあて」に向かって一生懸命に学習する姿

②子どもが,算数の問題にやる気をもって生き生きと取り組んでいる姿

③子どもが,自分がはっきりとしないことを見つけて,その解決に向かって学習する姿

どの言葉も,「主体的な学び」と言えそうです。

しかし,この3つの中身は大きく異なります。

①は教師が示した「めあて」に向かって学習している姿で,ある意味では受動的な学びの姿とも言えます。

②は「やる気をもって」の部分だけ考えれば,「主体的な学び」と言えそうです。しかし,取り組んでいる算数の問題の中身は曖昧です。

③は子ども自身が解決したいことを見つけていることを意味しています。

このように,**別の言葉に置き換えてみることで,言葉の意味が少しずつ明確になります。**「主体的・対話的で深い学び」という言葉のままでふわっと考えていては,本当の意味での授業改善はできません。

2 本当の意味での「主体的な学び」

▶ まじめな取組＝主体的な学び？

　前項でも述べたように,「主体的・対話的で深い学び」という言葉のままでふわっと考えていては,本当の意味での授業改善はできません。

　教師が提示した問題にまじめに取り組んでいれば,「主体的な学び」の姿が具現できているという捉えは間違っています。教師が提示した問題にただまじめに取り組んでいるだけでは,それは「受動的な学び」にすぎません。

　しかし中には,このような学びを「主体的な学び」と捉えている教師がいるようです。主体的に学んでいる子どもたちは,気付いたことをつぶやきとして口々に発することがあります。そんな授業を見て,

「授業中に私語を許しているとはけしからん」

と指摘します。

　静かに教師の話を聞き,ノートを静かに書いている姿こそが,まじめで「主体的な学び」だと考えているのです。

　しかし,それはやらされている姿でしかありません。**本当に子どもが主体的になれば,子どもたちは自分が感じたことや発見したことを,次々と語り始める**のです。このよ

うな姿の出現こそが，子どもが主体的に学んでいる状況と言えます。

▶本当の意味での「主体的な学び」とは

算数・数学の資質・能力を育成していくための学習過程の重要性について，中教審答申では，次のように述べています。

> 算数科・数学科においては，「事象を数理的に捉え，数学の問題を見いだし，問題を自立的，協働的に解決し，解決過程を振り返って概念を形成したり体系化したりする過程」といった数学的に問題解決する過程が重要である。

数学の問題を見いだすこと，すなわち算数・数学の問題発見の過程の重要性が強調されています。実は，この趣旨の説明は，新しい学習指導要領の解説にも随所に見られます。解説では「問い」という言葉でも説明されています。

筆者は，今回の学習指導要領の最大の改善点は，この「問題を見いだす」ことを強調していることにあると考えています。

これは算数以外の教科でも同様です。すなわち，**「主体的な学び」で大切なことは，問題を子どもが見いだし，その問題を授業の舞台にのせて問題解決を進めていくこと**で

す。

　このことを逆に考えれば，子どもが数学の問題を見いだすことができない算数授業には，「主体的な学び」は生まれないということになります。

　例えば，単なる計算練習の場面を想定してみます。これまでに学習した計算問題を解いていくだけであれば，そこに子どもたちが数学の問題を見いだすことはないでしょう。このような学習場面は「主体的な学び」ではなく「受動的な学び」と言えます。

▶「数学の問題」とは

　「主体的な学び」で必要なことは，「数学の問題」を子どもが見いだすことであることを述べました。

　では，ここでいう「数学の問題」とは何でしょうか。

　それは，**子どもが算数の学習を通して感じる疑問やズレ，困っていることなど，算数の本質につながる思い**のことです。

　したがって，授業の冒頭で教師が板書する問題文は，「主体的な学び」で必要な「数学の問題」ではありません。「数学の問題」は，教師が提示した問題文に出合った後で生まれてくるものだからです。

　では，現在多くの教室で授業導入場面で提示される「めあて」は「数学の問題」と言えるでしょうか。

　2年生の授業を例に考えてみます。

授業開始と同時に,下の図を提示し,教師が次のように説明します。

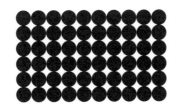

「これから,今日のめあてを書きます。今日のめあては『●の数が何個あるのか工夫して求めよう』です」

　提示された●は,縦が6個,横が10個です。これまでに子どもたちが学習してきたかけ算九九の範囲を超えた図です。したがって,これまでのやり方をそのまま当てはめても●の数を求めることはできません。

　しかし,これまでのやり方で求めることができないことに気付くのは,実際に子どもたちが●の数を数え始めてからです。うまく●の数を数えられないことに気付いて,はじめて「うまく●の数を調べる方法はないかな」と子どもは考えるのです。「かけ算九九の範囲を超えた●の数を,工夫して調べたい」と子ども自身が感じるのは,このタイミングです。そして,これこそが本時の「数学の問題」なのです。

　それにもかかわらず,授業の冒頭で「工夫して求めましょう」と教師が指示してしまっては,子どもは工夫して求める意味すら理解できないはずです。

3 子どもの問いが「めあて」に

▶「めあて」のあり方を考え直す

　「主体的な学び」で大切なことは，子どもの問いを引き出すことです。子どもから生まれてきた問いが，「めあて」として位置付くのであれば問題はありません。

　ところが，多くの教室では，子どもから引き出したい問いを，教師から授業冒頭で子どもに向かって提示しているのです。これでは，「主体的な学び」が生まれるわけはありません。

　前項の例で言えば，子どもたちは教師に指示されたから，仕方なく●の数を工夫して求めようとしているのです。

　授業冒頭で提示する問題と「めあて」は，同じものではありません。したがって，問題の提示から「めあて」を見いだすまでには時間差があります。

▶「めあて」をどのように見いだすか

　では，具体的な授業場面で考えてみましょう。前項の2年生「かけ算」であれば，どのように授業を展開すれば，「主体的な学び」につながるのでしょうか。

授業冒頭に示す問題は次のようになります。

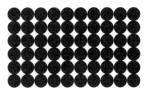
●の数はいくつあるかな。

これだけです。

子どもたちは，「そんなの簡単」と考えています。この段階では，まだ子どもたちは，示された●の数がかけ算九九の範囲を超えることには気付いていないのです。「数学の問題」につながる視点をここで教師から提示する必要はありません。

子どもたちに，すぐに●の数を数えさせます。教師は余計なことを言いません。子どもに任せればよいのです。**子どもに任せることで問いが生まれてくる**のです。

解決を任された子どもたちは，●の数を調べ始めます。似たような問題に子どもたちはこれまでに出合っています。したがって，子どもたちはこれまでと同じようにかけ算九九を使えば，●の数を調べられると考えています。

ところが，●の数を調べ始めてしばらくすると，子どもたちからつぶやきの声が聞こえてきます。

「あれっ？　九九よりも大きいよ」

「横の長さが10個もあるよ…」

「どうしたらいいのかな…」

これらの声こそ，子どもが感じた問いそのものです。こ の**問いの声を，「めあて」の文章として位置付ければよい**のです。
　しかし，これらの問いにつながる声の意味をまだよくわかっていない子どももいます。そこで，この**問いにつながる声の意味を共有することが，「めあて」を見いだすうえで大切なポイント**となります。

▶ 問いの共有から「めあて」へ

　問いの共有は，具体的には次のように行います。
　「『あれっ？　九九よりも大きいよ』と言っているお友だちがいたけど，その気持ちはわかるかな？」
　子どもたち全員が●の数を実際に調べています。したがって，この言葉は共有できます。
　「だって，今までは6×9の九九で計算できたでしょ。でも，これは横が10個もあるよ」
　「そうだよ。6×10は九九じゃないよ」
　これらの声こそが，「数学の問題」です。もし，「めあて」を文章化して黒板に位置付ける必要があるのであれば，これらの声を「めあて」として文章化して黒板に位置付けるのです。
　具体的には，次のような授業展開で文章化されていきます。
　「6×10は九九にはないね。だからできないんだね」

このように，求められないことを肯定してみます。すると，子どもたちはそれに対して声を上げてきます。
「できるよ。だって6の段の九九は…」
　解決方法を語り始める子どもが出てきます。
　しかし，ここではその発言はいったん制止します。そして，次のように説明します。
「今日のめあては『九九にない問題の●の数の求め方を考えよう』です」
　この説明と同時に，黒板に「めあて」の文章を板書します。多くの教室では，「めあて」をきちんと長方形の赤枠などで囲んでいます。必要であれば，そのようにして明示します。
　「めあて」を文章としてきちんと位置付けたいのであれば，このような授業展開を経て板書することが大切です。つまり，次のような時間経過を経て「めあて」は生まれてくるのです。

問題提示→問い→問いの共有→めあての文章化

　大切なのは，子どもの問いが「めあて」になることです。「めあて」として文章化すること，それ自体ではありません。
　問いが吹き出しなどで板書されていても構いません。子どもたちが，今，何が問題になっているのかを自覚できていればよいのです。

4 形式的な指導は「対話的な学び」「深い学び」につながらない

▶ 形式的な学びは形式的な対話を生む

「主体的・対話的で深い学び」による授業改善が求められています。ここに書かれている3つの学びの姿は連動しています。

「主体的な学び」が生まれなければ,「対話的な学び」は生まれません。

2年生「かけ算」の授業を例にします。

あるクラスで,●の数を求めるために,教師が次のような説明で授業をスタートしました。

「これから,今日のめあてを書きます。今日のめあては『●の数が何個あるのか工夫して求めましょう』です」

子どもから引き出すべき「数学の問題」すなわち問いを教師が提示してしまったのです。「工夫して●の数を求める」という大切なポイントを,教師が提示したのです。ここまでに,子どもたちの「主体的な学び」はありません。

「主体的な学び」が生まれなくても，子どもたちは教師の指示通りに●の数を求めることはできます。

全員が●の数を求めました。ここで，教師は次のように指示をしました。

「●の数の求め方をとなり同士で説明しましょう」

「対話的な学び」の場面を設定したのです。ある男女ペアの子どもたちが，説明を始めました。最初に，女子が説明をします。

「私の式は，$5 \times 2 = 10$です。次に，$7 \times 2 = 14$です。そして，$10 + 14 = 24$です。いいですか？」

男子のノートに書かれていた答えは36です。ところが，女子の説明を聞いていた男子は，次のように答えます。

「いいです」

「いい」わけはありません。

男子と女子の答えは異なるのです。

それにもかかわらず「いいです」と反応しているのです。これは，男子の説明場面でも起こりました。

「ぼくの式は，最初は$3 \times 9 = 27$です。次に，$27 + 9 = 36$です。ぼくの考えはわかりましたか？」

男子の説明を聞いていた女子は，次のように答えます。

「わかりました」

明らかに自分の答えと違っているのに，「わかる」はずはありません。

いったい，なぜこのようなことが起こってしまうのでしょうか。

それは、**教師の指示通りの受動的な学びで授業を展開すると、子どもには友だちの考えを聞く必要感が生まれない**からです。

子どもは自分の考えだけ説明して、それで満足をしているのです。友だちの考えはまったく気にしていません。そもそも、問いが生まれていないのに、「となり同士で説明しましょう」と指示してしまったから、このような形式的な話し合い場面が具現してしまったのです。

「主体的な学び」が生まれていないのに、「対話的な学び」の場面を設定しようとしても、それは単なる発表会で終わります。

▶「対話的な学び」がなければ「深い学び」は生まれない

「深い学び」は、単なる適用問題や難問に取り組むことではありません。前述の２年生「かけ算」の授業では、教師が下のような図を提示して、次のように説明しました。

「〇の数を工夫して求めましょう」

さて、この問題に取り組み、この問題の答えが求められたら「深い学び」が具現できたと言えるでしょうか。

この場面でも，教師が「工夫して求めましょう」と指示をしています。これでは主体的に子どもが問題に取り組む姿を望むことはできません。子どもたちは，受動的に問題に取り組んでいるだけです。

　「深い学び」で大切なのは，主体的に子どもが学びを深めていくことです。

　「深い学び」を促すためには，教師が問題を提示するのではなく，子ども自身がつくり出すことが理想です。例えば，前述の２年生「かけ算」の場面であれば，最初の問題が解決した後，次のような声が子どもから生まれることが理想です。

　「今の方法を使えば，九九にない問題をできそうだね」
　「例えば，6×13や6×14もできるね」
　「それなら，4×12もできるね」

　子ども自身が問題場面を深めるのです。そのためには，「対話的学び」を子どもが主体的に進めていくことができなければいけません。

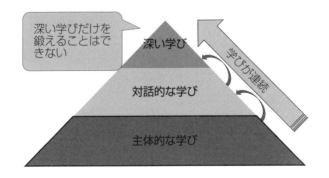

5 「主体的な学び」を引き出すしかけ

▶「主体的な学び」はすべての学びを支える

　これまで述べてきたように,「主体的な学び」は「対話的な学び」「深い学び」を支える大切な役割を果たしています。

　別な言い方をすると,**「主体的な学び」が生まれない授業には,「対話的な学び」もなければ「深い学び」もありません。**

　子ども同士が「対話的な学び」を進めている際にも,主体的に学んでいるのです。さらには,「深い学び」を進めている際にも,そこには子どもの「主体的な学び」があるのです。

　このように,「主体的な学び」は,あらゆる学習場面における土台となっています。

　「主体的な学び」の土台がしっかりすることで,「対話的な学び」や「深い学び」は1時間の授業の中で連鎖的に続いていくのです。

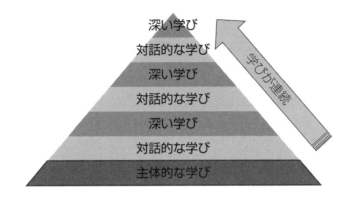

▶「主体的な学び」を引き出すには
ズレを感じさせる

　では,「主体的な学び」を引き出すためには,どうしたらよいのでしょうか。

　教師から提示された問題を単に解いているだけでは,子どもは主体的にはなりません。「主体的な学び」を引き出すためには,授業のどこかにしかけが必要です。

　授業にしかけをつくるコツは,子どもにズレを感じさせることです。**ズレを感じた子どもは,そのズレを乗り越えるために主体的に動き出す**のです。

　次項から,ズレを感じさせる授業のつくり方を具体的に紹介していきます。

6　しかけのポイントはズレ

▶ 自分と友だちの考えのズレの自覚

「主体的な学び」を引き出すために，最も簡単にできるのが友だちの考えとのズレを感じさせることです。

自分の考えと友だちの考えにズレがあることを自覚すると，子どもは不安になり，そのズレを乗り越えようと主体的に動き出すのです。

６年生「円の面積」の導入場面を例に考えます。

よく見られる導入の問題は，次のようなものです。

直径４cmの円の面積を工夫して求めましょう。

円の面積の求め方は未習です。

したがって，この問題に出合った子どもたちは，

「どうやって円の面積を求めたらいいかなぁ…」

「『工夫して求めましょう』と言われても，そもそもどうやって面積を求めるのかなぁ…」

と感じるのではないでしょうか。

子どもたちは，既習事項と比較することで，提示された問題が未習事項であることに気付くことはできます。

しかし，このままでは「主体的な学び」を引き出すには不十分です。

▶「どちらが正しいの？」という思いを引き出す

この場面であれば，**あえて円以外の図形との出合いから授業を構成します。**

子どもたちに，次のような問題を提示します。

> まわりの辺の長さが24cmの正方形と正三角形，面積が大きいのはどちらでしょうか。

直感で子どもたちに判断させます。

すると，子どもの考えは3つに分かれます。

「まわりの辺の長さが24cmで同じなんだから，面積も同じに決まってるよ」

「そうかなぁ。正方形の面積が大きいような気がするんだけど…」

「ぼくは，三角形の面積が大きく見えるんだけど…」

「面積は三角形も正方形も同じ」と考えていた子どもにとって，「正方形の面積が大きい」「三角形の面積が大きい」という考えが存在することは想定外です。

このような自分とは異なる考えとの出合いが，

「あれ？ 面積は同じじゃないかもしれないぞ…」

と，それまで安定していた子どもの考え方を不安定にしていきます。このような思いをもたせることが，友だちの考えとのズレを感じさせるということです。

この不安な意識は，「正方形の面積が大きい」「三角形の面積が大きい」と考えていた子どもたちにも同様に拡がっていきます。

友だちの考えとのズレを感じた子どもたちは，

「面積が一番大きい図形はどれなのかな。それとも，面積は同じなのかな。早く答えを知りたい…」
と考えます。

教師が，「2つの図形の面積を求めてみましょう」と改めて指示をしなくても，勝手にノートに計算を始めます。子どもたちは，面積を求めたくて主体的に計算を始めているのです。そこにあるのは，受動的に計算をさせられている姿ではありません。このように，子どもが自ら動き出す姿の出現こそ，「主体的な学び」と言えます。すなわち，**友だちの考えとのズレを感じた子どもは，教師を乗り越えて主体的に動き出す**のです。

▶ ズレの自覚がその後の展開を決める

前述の6年生「円の面積」の授業のその後の展開です。

友だちの考えとのズレを感じた子どもたちは，三角形と正方形の面積を知りたくてたまらなくなります。子どもたちは，すでに主体的に面積を求め始めています。正方形の

面積は求められます。しかし，三角形の面積は三平方の定理を知らない子どもたちには計算できません。子どもたちは「高さを教えてほしい」と，ここでも主体的に図形に向き合い，必要な情報を求めてきます。

そこで，三角形の高さが7cmであることを教えます。子どもたちは，すぐに計算を始めます。その結果，三角形の面積は28cm^2，正方形の面積は36cm^{2}になります。こうして，正方形の面積の方が大きいことがわかりました。

多くの子どもたちは，「まわりの辺の長さが同じなら，面積も同じ」と予想していました。ところが，実際の結果はズレていたのです。このようなズレを，「予想とのズレ」と言います。

予想とのズレに出合った子どもは，そのズレの原因を振り返るとともに，自ら対象場面を拡張しその先の世界を主体的に考えていきます。

この授業では，予想とのズレに出合った子どもたちが，次のように対象場面を主体的に拡げていきました。

「だったら正五角形の面積は，もっと大きくなるんじゃないかな」

「それなら，角の数が増えれば増えるほど，面積はどんどん大きくなっていくんじゃないかな」

教師が提示したのは三角形と正方形です。ところが，ズレを感じた子どもたちは，対象場面を角の数がどんどん大きくなる正多角形へと拡張して考えたのです。そしてさらに，この追究は円へとつながっていくのです。

7 導入が授業の8割を決める

▶ 導入が失敗すると…

　かつて筑波大学附属小学校で算数の教師として教鞭をとられていた手島勝朗先生は，算数授業について，次のように述べられています。

> 算数授業は，導入で8割が決まる。

　導入場面の大切さを述べたものです。つまり，導入場面でしかけを行い，「主体的な学び」を引き出すのです。それができれば，子どもたちは，教師がいちいち指示を行わなくても，「対話的な学び」を行い，さらにこの「対話的な学び」を通して，「深い学び」の世界へも学びを拡張していくのです。
　前項では，6年生「円の面積」の授業場面を例に説明しました。
　よく見られる導入の問題は，次のものでした。

> 直径4cmの円の面積を工夫して求めましょう。

この問題では，ズレが生まれることはありません。

　したがって，子どもたちが

　「円の面積を早く求めたい」

と主体的に求積活動に取り組むこともありません。

　これでは，その後の展開はすべて教師主導になってしまいます。

　面積を求め終えると，

　「求め方を発表しましょう」

と教師が指示をします。

　発表が終わった後には，

　「一番工夫していた求め方はどれですか？」

と発問します。

　要するに，**教師の指示や発問がなければ，次の活動がスタートしない**のです。

　これは新しい学習指導要領が目指す授業改善の姿ではありません。このようになってしまった原因は，導入の問題が平凡過ぎることです。

▶ ズレを感じさせる導入場面をつくる

　「主体的な学び」を引き出すことができれば，その後の「対話的な学び」や「深い学び」へ展開していくことが容易になります。

　前述の６年生「円の面積」の授業では，導入の場面以降での教師の役割は，子どもから生まれてきたアイデアや意

見の交通整理だけでした。

　これまでに「友だちの考えとのズレ」「予想とのズレ」について述べてきました。この他にも，子どもが本来もっている感覚とは異なる教材に出合わせる「感覚とのズレ」，既習内容から少しだけジャンプした課題に出合ったときに感じる「既習とのズレ」があります。

　ズレを生かした授業づくりの詳細は，拙著『"ズレ"を生かす算数授業』（明治図書）をご参照ください。

第4章

「対話的な学び」と授業づくり

1 形式的な対話では子どもは動かない

▶「対話的な学び」はただ話し合うだけ？

「対話的な学び」と聞いて，どのような授業場面をイメージするでしょうか？

○子どもから次々と手があがって，活発な話し合いが続く場面。

○となり同士で，問題の解き方を相談する場面。

○4人1組のグループをつくって，自分の解き方を発表し合う場面。

このような場面をイメージする教師が多いのではないでしょうか。

このイメージ自体は間違ってはいません。教師が一方的に話し，子どもは教師の板書をノートに写すだけの授業には，「対話的な学び」など存在しません。それと比較すれば，上記の様相が生まれるだけで，十分に「対話的な学び」が成立していると思いたくなります。

しかし，学習指導要領で求められている「対話的な学び」は，もっと奥が深いのです。

単に子どもが話し合う姿が具現できれば，「対話的な学び」が成立したとは言えないのです。

▶これで「対話的な学び」？

6年生の「場合の数」の学習で、発展問題を扱った授業を参観しました。

サイコロを2つ用意します。どちらのサイコロも、2の目が3つ、3の目が2つ、4の目が1つで構成されています。授業者は、次のように投げかけました。

「2つのサイコロの目の積を求めます。どの積が出やすいでしょう」

多くの子どもたちは、「4」の積が一番出やすいと考えました。それは、サイコロの2の目が一番多いからです。子どもらしい、素直な考えです。

この後、実際にサイコロを振ってどの積が出やすいかグループごとに実験して確かめ、最後は各グループの結果を合計しました。結果は僅差で「4」よりも「6」が多くなりましたが、多くの子はこの結果に半信半疑でした。「6」よりも「4」の積が多かったのは4グループ、「4」よりも「6」の積が多かったのは2グループだったからです。それなのに、教師は次のように指示をしました。

「『6』が多くなった理由をグループで話し合おう」

子どもたちは、グループで話し合いを始めました。しか

し，意見は活発には交流されません。声を出しているのは，グループの中の一部の子どもだけでした。

さて，この場面でのグループでの話し合いの姿は，「対話的な学び」と言えるのでしょうか。表面的には，話し合いの姿は見えます。教育の素人が見たら「いいね」と思うかもしれません。しかし，この話し合いには「対話的な学び」の要素はありません。

新しい学習指導要領の解説に，次の一文があります。

> 問題解決の過程において，よりよい解法に洗練させていくための意見の交流や議論など対話的な学びを適宜取り入れていくことが必要であるが，その際にはあらかじめ自己の考えをもち，それを意識した上で，主体的に取り組むようにし…

上記の話し合いには，**「主体的に取り組む」様相がない**のです。子どもたちに，「自分の意見を言いたい」「どうして6が多くなったのか，友だちと相談したい」「よくわからないから，友だちの考えを聞きたい」というような，主体的に自分の思いを表出したくなる場面がないのです。このような自分の思いがないのに，教師の指示でグループで話し合う場面が設定されたのです。これでは，子どもたちは教師によって話し合わされているだけです。

「対話的な学び」で大切なことは，**話し合わせるのではなく，子どもが自分の思いを話したくなる状況をつくるこ**

とです。

　前述の授業であれば，子どもたちは「6」の積が一番出やすいことに納得はしていないのです。それなのに，「『6』が多くなった理由を，グループで話し合ってみよう」と指示されても，主体的に話し合うはずはありません。

　もっとサイコロを振る数を増やしていけば，「6」の積が最多になっていきます。そうなれば，子どもたちも「おかしいぞ。何で6が多いんだ」「4が多くなるはずなのに，6が多いなんて不思議だ」と考えます。そして，「6」の積が多くなった理由を探りたくなります。すなわち，子どもが「6」の積が多くなる理由を探るために主体的に動き始めるのです。

　このように，**「対話的な学び」の前にはその前提条件として，「主体的な学び」の様相が必要**なのです。この条件のもとで話し合いが進められれば，新しい学習指導要領の解説に示されている以下のような姿も具現できます。

　数学的な表現を柔軟に用いて表現し，それを用いて筋道を立てて説明し合うことで新しい考えを理解したり，それぞれの考えのよさや事柄の本質について話し合うことでよりよい考えに高めたり，事柄の本質を明らかにしたりするなど，自らの考えや集団の考えを広げ深める「対話的な学び」を実現することが求められる。

2 道徳授業に見る「対話的な学び」のしかけ

　子どもが主体的になれば,自分の思いを表現したくてたまらなくなります。このような授業を具現することが大切であることを述べました。これは,算数だけではなくどの教科にも当てはまります。

　NHK・Eテレに「ココロ部！」という道徳番組があります。この番組を視聴すると,子どもたちは主体的になり,自然に対話を始めます。

　ある回の放送内容の様子を紹介します。この回の主人公コジマは,子どものころからの夢であったパティシエになり,念願のお店をオープンします。その開店の日に,コジマの夢を知っていた幼なじみが訪れます。彼は,「お店に飾ってほしい」と言って,開店祝いを届けに来たのです。ところがその品物は,巨大な天狗のお面でした。この場面での子どもたちの反応は,

　「洋菓子店なのに,なんで天狗なの？　店に合わないよ。絶対にお店には飾らないよ」

　「お客さんが逃げちゃうよ。飾るなら,厨房かな」

と,全員がプレゼントには否定的意見でした。

　番組はさらに続きます。そこでは,プレゼントされた天

狗のお面はどこかで購入したものではなく、幼なじみがけがをしながらすべて手づくりしたことがわかります。この段階で、子どもたちの考えは揺れ始めます。

「えー、全部手づくりなの？　そこまでしてくれたなら、飾らないわけにはいかないよ」

「けがまでしてつくってくれたなんて、友だち思いがすごすぎる。やっぱり、お店に飾った方がいいよ」

幼なじみの思いを知った子どもたちの多くが考えを変えたのです。一方、

「そうは言っても、やっぱり天狗のお面は洋菓子店には合わないよ。正直に幼なじみに話して、別の場所に飾ることにすればいいよ」

と考える子どももいます。

子どもたちの考えは、「飾る」「飾らない」に分裂したのです。友だちの考えとのズレが生まれたのです。ズレを感じた子どもたちは、自分の意見を言いたくて言いたくてたまらない状態へと高まりました。放っておいても、次々と子どもの手があがります。口々に「絶対に飾るでしょ。だって…」「飾らないよ。だから…」と自分の思いを表現してきます。

教師が「発表してください」「グループで話し合ってみましょう」などと指示しなくても、子どもは勝手に話し始めたのです。

このように子どもが話し始めるためには，何が必要でしょうか。それは，**子どもたちに言いたいことが溜まっているということ**です。言いたいことがお互いに溜まっているから，次々と手があがったり，つぶやいたりするのです。

　この授業では，「言いたいことがいっぱいあるんだね。では，その言いたいことをプリントに書いてごらん」と言って，自分の思いをプリントに書かせました。

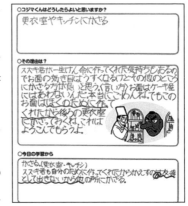

　子どもたちは，自分の思いを黙々とプリントに書き続けました。作文が苦手な子どもも，普段の文章をはるかに超える量の自分の思いを記述しました。言いたいことが十分に溜まっていれば，書く活動も充実することの証拠です。

　プリントに自分の思いをまとめた子どもたちに，
　「自分の言いたいことを，グループで10分間話し合ってごらん」
と投げかけました。
　グループでの話し合いは，非常に活発に展開しました。どのグループも，次々と子どもたちが手をあげて，自分の

思いを発言し続けました。

「私は絶対に飾るよ。だってね…」

「それは違うよ。洋菓子店だよ…」

お互いの考えが、次々と発表されます。

「天狗のお面をなぜ飾るのか」「天狗のお面をなぜ飾らないのか」を説明（主張）するという「対話的な学び」の目的を、子どもたちは明確にもっているのです。すなわち「対話的な学び」を支える目的意識が明確なのです。だから子どもたちは、自分の思いを友だちに理解させようと、必死で自分の思いを主張し続けるのです。

子どもたちのグループの話し合いは、10分では時間不足になりました。それほど子どもたちの「対話的な学び」は白熱したのです。

友だちとの考えのズレを感じさせ、子どもの「主体的な学び」を引き出したことが、目的意識のある「対話的な学び」へとつながっていったのです。

このような授業の構成は、道徳だけではなく、算数でも国語でも、どの教科でも共通していると言えます。

3 問いをもち解決方法が見えると話したくなる

▶ 問いをもつと話したくなる

　道徳でも算数でも,「対話的な学び」で必要不可欠なことは,子どもたちに「聞きたい」「話したい」という気持ちをもたせることです。その気持ちがないのに対話の場を設定しても,それは形式的な対話をさせているに過ぎません。子どもは無理やり対話させられているだけなのです。
　では,「聞きたい」「話したい」気持ちをもつのはどんなときでしょうか。例えば,次の場面が考えられます。

○問いをもったとき
○問いを解決する方法が見えたとき

　まず子どもは,はっきりとしないことやもやもやしたことがあると,その思いを自然に表現してきます。「何でそうなるの?」「それじゃあ,できないよ」「どうやってやればいいの?」などとつぶやき始めるのです。

▶ 解決方法が見えると話したくなる

しかし，問いをもっても，その解決方法が見えないままでは，やがて子どもは静かになっていきます。再び子どもが自分の思いを話したくなったり，友だちの思いを聞きたくなったりするのは，解決方法が見えたときです。

　５年生「体積」の授業です。

　「まわりの辺の長さの合計が52cmで中身が最大の四角い箱をつくろう」

　子どもの頭の中には，様々な形の箱が浮かびます。実際に中身が一番大きい箱がどれかを確かめるには，箱をつくることが必要です。そこで，「箱をつくって確かめよう」と投げかけます。ところが，実際につくろうという場面になると，子どもたちの手が止まってしまいました。縦・横・高さの３辺の長さがわからないからです。そこで，「縦５cm，横５cm，高さ３cmの箱だよ」と１つ例を示します。この例示を聞いた子どもから，「そうか，わかった！」と声が上がります。**具体的な箱のサイズを決める簡単な方法が見えた**のです。

　「縦５cm，横５cm，高さ３cmの箱だから，全部の長さをたすと13cmでしょ。だから，縦・横・高さの辺の長さの合計が13cmになればいいんだよ！」

　「そうか，13cmが４セットあるから52cmか！」

　その後，子どもたちは口々に様々な具体的な箱のサイズを話します。箱のつくり方の解決策が見えた子どもたちは，再び対話し，動き出したのです。

4 新しいことや共通点が見えると話したくなる

▶ 見えなかったことが見えてくると…

　問いを解決すると,子どもはそこで安定してしまうことがあります。ところが,その問いを乗り越えた先にある解決結果が複数あったとき,子どもたちはそれらの結果を比較し,新しいことを見いだしていきます。

　すると,自分が新しく見つけたことや共通点を,子どもは話したくて話したくてたまらなくなるのです。一方,まだ新しいことや共通点が見えていない子どもは,どんな新しいことが見えたのか,どんな共通点が見えたのか必死に考えます。それでも新しいことが見えてこないときには,その内容を聞きたくて聞きたくてたまらなくなります。

　複数の結果を比較し,新しいことや共通点が見えたとき,そのことについて話したり聞いたりしたくなるのです。

▶ 新しいことを見つける布石を打つ

　6年生「反比例」の授業で,次のように投げかけます。

　「円形のエアーホッケー盤があります。45°でパックを打つと2本の線でゴールに入ります」

子どもたちのノートに、問題場面と同じ図をかかせます。作図をしながら、入射角と反射角が同じになることなど、条件を整理していきます。

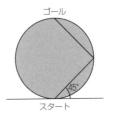

すると、作図している子どもから「面倒くさいなぁ」というつぶやきが聞こえてきました。実は、この声を引き出すために作図をさせたのです。

作図の面倒さを実感することが、「きまりを見つけたい」「何かもっと簡単にできる新しい方法を見つけたい」という気持ちを引き出す布石となるからです。

▶ 複数の情報から新しいことが見えてくる

図が完成したところで、今度は次のことを問います。
「30°でパックを打つと線は何本できるでしょうか」

子どもたちは頭の中でパックの線の軌跡をイメージします。子どもは自然に指でパックの軌跡を空中に「ドンドンドン」「パンパンパーン」などと言いながら描いていきます。また、パックの線の数の予想は、「3本」「4本」など複数ありました。

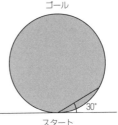

また、同じ「3本」というパックの線の数の予想でも、パックの軌跡は複数ありました。子どもたちの予想にズレ

が生まれたのです。ズレを感じた子どもは、早く実験をしたくてたまらない心理状態へと高まりました。

このように、**子どものズレを引き出し、「早く実験したい」という気持ちを高めることが、その後の「対話的学び」への布石となる**のです。

子どもたちは、30°の角度でのパックの軌跡を実験します。やがて、「やっぱり3本だ」という声が上がります。

30°でパックを発射すると、線の数は3本であることが確かめられました。すると、今度は「きまりがある」「次もわかる」「90になる」と声が上がります。

ここまでに子どもの目の前にある情報は、「45°2本」「30°3本」という2つです。この2つの情報の共通点（きまり）に気付いたのです。

きまりに気付いた子どもたちは、早くその内容を言いたくてたまらない状態になっています。一方、まだきまりが見えない子どもたちは、2つの情報を見つめながら必死できまりを探しています。きまりを見つける体験を共有したくなっているのです。しかし、それでもきまりが見えない子どもは、早くきまりを聞きたくてたまらない状態へと高まっていきます。

話す側の子どもたちも、聞く側の子どもたちも、このような心理状態にさせることが「対話的な学び」を進めるうえでは大切です。

▶「対話的な学び」は一気に進めない

　きまりが見えた子どもたちは，そのきまりを早く話したくてたまらなくなっています。

　しかし，ここで大切なことがあります。それは，**きまりが見えた子ども自身にその内容をすべて語らせない**ことです。

　きまりが見えた子どもは，その内容をすぐにでもみんなに伝えたい気持ちになっています。しかし，その内容を一気に語らせてしまうと，それを聞いている子どもたちの「数学的な見方・考え方」が育たなくなるからです。

　見えてきたきまりの一部だけを語らせ，その続きを全員に考えさせることで，クラス全体の「数学的な見方・考え方」を高めることができるのです。

　前述の「反比例」の授業であれば，きまりが見えた子どもに，次の部分だけ語らせます。

　「45°で発射すると線は2本。かけ算すると45×2で90になります。そして…」

　この「そして」の続きを全員に考えさせます。45°の話をヒントに，多くの子がきまりに気付くことができます。

　「わかった！　30°は3本の線だから，30×3で90。角度と線の数をかけると，90になるきまりがあるんだ」

　見えてきたきまりを，クラス全体でじっくりと共有することが大切です。

5

別の場面が見えると話したくなる

▶ 見えなかったことが、見えてくると…

　きまりや共通点が見え、それをクラス全体で共有することができると、子どもの思考はさらに拡がっていきます。

　見えてきたきまりや共通点を、それまで見えなかった新しい場面をつくり、当てはめていこうとするのです。そのきまりや共通点が当てはまる新しい場面の発見を、子どもたちは話したくて話したくてたまらなくなるのです。

　このような思考は、「類推的な考え方」と呼ばれるものです。

　きまりや共通点を共有することは、目の前に考える対象が見えているので、多くの子どもたちにはそれほど難しいことではありません。

　ところが、そのきまりや共通点を基に、新しい場面を見つけていくのはかなり難しいことです。見えないことを創造することになるからです。

　したがって、**新しい場面を共有する活動も、一気に進めるのではなく、時間をかけて展開することが大切**です。

▶新しい場面を創造するための布石

前述の「反比例」の学習を例に説明します。

子どもたちは、パックを発射する角度と線の本数の積が90になることをきまりとして発見しました。

ところが、このきまり発見の声が生まれた直後、次のような声が子どもから生まれてきました。

「でもまだ２つしか実験してないからわからないよ」

確かに、子どもたちが見つけたきまりは、「45°では２本」「30°では３本」という２つの情報だけから導き出されたものです。だから、たった２つの情報に共通するきまりが他の場面にも当てはまるとは限らない、きまりと断言するには早過ぎるという指摘です。

このように、**新しい場面を創造する布石として、きまりや共通点を確信する母体となる情報数に視点を向けることはとても大切**です。

また、このような声が上がった場合には、教師がそれを価値付けることも大切です。それによって、同様の声が別の授業の別の場面で上がるようになるからです。

▶新しい場面が生まれることできまりを確信

きまりを見つけた子どもたちから、次のような声が上がりました。

「わかった! 次は15°で発射すれば6本になる」

「それなら10°だったら9本になるね」

子どもたちは,パックを発射する角度の新しい場面を自ら設定して,その場面にもきまりを活用しようと考えたのです。

これが,先に述べた「類推的な考え方」を働かせている場面です。算数では高度な思考であり,この思考の表出が「深い学び」へもつながっていくので,教師が具体的に価値付けることが大切です。

子どもたちの「類推的な考え方」が確かなものであるのかを,実験で確かめることにしました。子どもたちは,ノートに円をかいて実験を進めていきます。

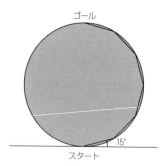

やがて,次の声が上がります。

「やっぱり,6本だよ」

「そうだよね。15×6で90になるんだね」

この「やっぱり」には,子どもたちが見つけたきまりの確からしさを,自分たち自身が確信した意味が込められています。

この確信が,さらなる気付きを引き出していきます。

「やっぱり,角度と線の数をかけると90になるね」

「15×□=90だね」

「□じゃなくて,文字を使った方がいいよ。$x × y = 90$の式になるね」

「それなら,5°や1°も計算でわかるね」

子どもたちは,既習の「文字と式」の単元と関連付けることで,それまで単なる具体的な式でしかなかった「45×2＝90」「30×3＝90」「15×6＝90」を,抽象化した文字式に置き換えることができたのです。

さらに,文字式に置き換えたことで,「それなら」という発言が引き出されました。「それなら」は,さらに他の場面へと対象を拡張して考える姿,対話する姿と言えます。

子どもたちが見つけたきまりや共通点の確信が,新たな見方・考え方を引き出したのです。それが,新たな「話したい」「聞きたい」の「対話的な学び」へとつながっていきます。

6 既習との関連が見えると話したくなる

▶ 別々のものの関連が見えてくる

　算数は既習をベースに学びが積み上がっていきます。子どもが問いをもったとき，解決のよりどころとなるのが既習です。それが直近の学習内容であることもあれば，かなり前に学習した内容であることもあります。また，まったく別次元の学習だと考えていたのに，考え方の共通点などが見えたときに，その関連性に気付くこともあります。

　子どもたちは，目の前の問いの解決策と，既習の学習内容との関連性が見えてきたとき，そのつながりを話したくてたまらなくなります。

▶「前に勉強した○○と同じだ！」

　第2章で紹介した5年生「速さ」の例で説明します。

> 　B君は41mを6.4秒で走りました。トイプードルは31mを5.2秒で走りました。
> 　どちらが速いでしょう。

両者の走った距離はバラバラです。しかも，すぐには速さの比較ができないように素数を使った数値設定になっています。このままでは両者の速さを比較できません。「距離も時間もバラバラなB君とトイプードルの速さをどうやって比べるか」が，子どもたちの問いでした。

　ここで生まれたのが，次のような子どもたちの声です。

　「できるよ。前に勉強した単位量当たりの大きさと同じだよ」

　「そうだよ。人口密度の勉強では面積も人数もバラバラだったでしょ。それと同じだよ」

　「どっちかをそろえればいいだけだよ」

　既習の「単位量当たりの大きさ」の学習では面積と人数の2つの数値がバラバラで，今回は距離と時間の2つの数値がバラバラ。2種類の数値がバラバラという条件はまったく同じなのです。そのことに子どもたちは気付きました。

　2つの学習内容に共通する考え方が見えれば見えるほど，その具体に沿って自分の思いを対話したくなるのです。

▶ 関連が見えると，一気に対話が進む

　「単位量当たりの大きさ」の学習と「速さ」の学習の関連性に気付いた子どもは，その視点を生かして一気に問いの解決へと向かって動き出します。

　「だったら1m当たりでそろえて比べたらいいよ」

　「そうだね。1mをB君とトイプードルが何秒かかった

のかを比べるといいんだね」

「それがわかりやすいね」

「B君なら6.4÷41で計算すればいいね。トイプードルは、5.2÷31で計算ができるね」

子どもはバラバラである「距離」と「時間」のうち、距離を1m当たりにそろえる考え方を発表しました。多くの子はその考え方の方がわかりやすいと考えたのです。

1m当たりにそろえる考え方で対話を進めて盛り上がっていた子どもたちから、別の考え方が生まれてきました。

「だったら、1秒当たりにそろえてもいいよね」

「そうだね。1秒で何m進むかで比べるということだね。これでも比べられるね」

「1秒だとB君は、41÷6.4で計算できるね。トイプードルは31÷5.2で計算できるね」

「1mにそろえるときと反対の計算になるね」

「速さ」の学習では、秒速を求めていくことがねらいの1つです。その考え方が、「単位量当たりの大きさ」と関連付けることで生まれてきました。

▶ 新たな関連付けが見えてくる

「1秒当たり」「1m当たり」の考え方が生まれました。

授業としては，この2つが生まれるだけで十分です。ところが，この2つに刺激されたのか，別の学習内容と関連付けた考え方が生まれてきました。

「だったら，公倍数にしてもいいよね」
「41mと31mの公倍数にそろえればいいよ」
「41×31＝1271mにそろえればいいんだよ」
「こっちの方が簡単だよ」

これは5年生の「倍数と約数」単元との関連です。「単位量当たりの大きさ」の学習でも，この考え方は生まれてきました。2つの数値の公倍数にそろえる考え方も，「基準をそろえる」という視点に立てば同じものです。この視点のさらなる拡張も，子どもたちの対話したい気持ちをより一層引き出していくのです。

公倍数の考え方については，子どもから賛否両論がわき起こりました。

「でもさぁ，公倍数は面倒だよ」
「そう？ 2つの数字をかけるだけだから簡単だよ」
「違うよ。今は41mと31mの2つだからいいけど，これが41mと31mと17mと57mとかになったら，数が多くなりすぎて面倒だよ」
「2つの数字ならいいけど，たくさんになったら比べにくいってことだよ」

新たな関連付けの気付きが，その関連付けの妥当性・有効性を巡って，子どもたちの積極的な対話の姿をさらに引き出したと言えます。

7 「対話的な学び」に必要な教師のアンテナ

▶「対話的な学び」のきっかけとなる言葉

　「対話的な学び」の前提条件として,「主体的な学び」が必要であることを述べました。子どもが主体的になっていないのに,対話場面を形式的に設定しても,そこに本当の対話は生まれません。

　主体的になった子どもたちが対話的に学ぶとき,次のような言葉を使って対話を進める場面がよく見られます。

○相反する意味がある「だったら」
○混沌をアクティブへと転換する「例えば」
○実験範囲の拡張への「たまたまじゃない？」
○表現したいことが高まる「絶対に」
○対象の一般性の吟味「もし…だったら」
○素直な疑問の出発点「でもさぁ」
○自分の考え方に確信をもつ「やっぱり」

　これらの言葉を使って,主体的になった子どもたちは,「対話的な学び」を進めていくのです。逆に言えば,**これらの言葉を子どもたちが使っているとしたら,すでにその**

場面での子どもたちは，主体的になり，「対話的な学び」を展開しようとしているとも言えるのです。

これらの言葉の重要性は，筑波大学附属小学校の田中博史先生も以前から指摘されています。

▶きっかけとなる言葉を聞き逃さないアンテナ

全国の先生方の授業を参観する機会があります。

多くの授業では，問題やその提示の仕方が工夫されているので，前半は盛り上がります。ところが，後半になるにしたがって失速していき，子どもたちが静かになってしまう授業が少なくありません。

その原因は，どこにあるのでしょうか。

一番の原因は，**子どもたちが主体的・対話的に学び始めた姿に教師が気付かず，教師が設定したゴールへと授業を無理矢理進めようとする**からです。

「だったら」「でもさぁ」などの言葉を使って，「対話的な学び」を進めようとしているにもかかわらず，その声に教師が気付いていないことが多いのです。

「だったら」「でもさぁ」などの言葉の後には，目の前の学習内容をさらに深めたり，方向転換したりするきっかけとなる見方・考え方が続くのです。これらの言葉に教師が気付き，クラス全体で共有させていくことで，「対話的な学び」はさらに充実したものとなるのです。

前述の「速さ」の学習では，「でもさぁ」の後に，公倍

数の見方を否定する対話が展開されました。

　このような「対話的な学び」を充実させる言葉に，教師がしっかりとアンテナを張っていくことが大切になります。

　子どもが発する言葉をしっかりとキャッチすることで，「対話的な学び」の質は高まっていくのです。

第5章

「深い学び」と授業づくり

CHAPTER
5

1 発展問題ができれば「深い学び」?

▶「深い学び」＝発展問題に取り組むこと？

　授業改善の視点である「主体的・対話的で深い学び」の最後に位置付くのが，「深い学び」です。
　では，何ができれば「深い学び」が達成できたと考えられるでしょうか？
・本時の主となる問題の適用問題が解けたとき
・本時の主となる問題よりも難しい発展的な問題が解けたとき
・単元のまとめとしてかなりレベルの高い「難問」と呼ばれる問題が解けたとき
・子どもたちに本時や本単元で学習した内容に関連する問題づくりをさせて，そこでできた問題をお互いに解くことができたとき
・子どもの中から生まれてきた本時にかかわる新しい問題が解けたとき
　これらはいずれも問題が解けることが目標として設定されています。問題が解けること自体は「深い学び」の達成条件の1つとして間違ってはいません。しかし，それは単に「深い学び」の条件の1つに過ぎません。**単に問題が解**

けるだけでは、「深い学び」が達成できたとは言えないのです。

▶「深い学び」の質が問われる

中教審答申では、次のように説明しています。

> 習得・活用・探究という学びの過程の中で、各教科等の特質に応じた「見方・考え方」を働かせながら、知識を相互に関連付けてより深く理解したり、情報を精査して考えを形成したり、<u>問題を見いだして解決策を考えたり、思いや考えを基に創造したりする</u>ことに向かう「深い学び」が実現できているか。
>
> （下線筆者）

下線部に着目すると、「深い学び」においては、問題が解けるかどうかではなく、**解決策を考えたり、創造したりする過程が重視されている**ことがわかります。

また、問題は子どもたち自身が見いだすものと捉えられています。つまり、**「深い学び」につながる問題は、教師が一方的に提示するものではない**のです。

これが単に問題が解けるだけでは、「深い学び」が達成できたとは言えないと述べた理由です。

算数科の目標にも同様の説明があります。

> (3) 数学的活動の楽しさや数学のよさに気付き,学習
> を振り返ってよりよく問題解決しようとする態度,
> 算数で学んだことを生活や学習に活用しようとする
> 態度を養う。

この目標は「深い学び」につながる内容です。「算数で学んだことを生活や学習に活用しようとする態度」について新しい学習指導要領の解説では次のように述べています。

> 算数で学んだことは活用できるように学習されなければならないし,活用を重視した創造的な学習展開を用意する必要がある。数学を生み出していく過程では,児童自らが数学的な見方・考え方を働かせて,筋道を立てて考えたり,統合的・発展的に考えたりする学習が期待される。

ここでも,「活用を重視した創造的な学習展開」「数学を生み出していく」「児童自らが数学的な見方・考え方を働かせて」といった文言が出てきます。これらの主体は,いずれも子どもです。

▶ 場面を創造するのは教師ではなく子ども

4年生「面積」の学習で,平行四辺形の面積の求め方を

考える場面があります。多くの授業では、右のような平行四辺形を提示し、面積の求め方を考える展開が見られます。

この平行四辺形の場合は、右のように長方形に等積変形することで、既習の長方形の面積を求める考え方へと帰着することができま

す。これで面積を求めることができます。

このような授業でよく見られるのが、平行四辺形の面積の求め方を教師がまとめてしまう場面です。

「平行四辺形は、長方形に変身することで面積を求めることができましたね。だから、平行四辺形の面積は『底辺×高さ』という公式で求めることができます」

ここまでに子どもたちが向かい合った平行四辺形はたった1つです。にもかかわらず上のように、一気に公式としてまとめてしまうのです。

公式化の後は、様々なパターンの平行四辺形を教師が提示し、子どもたちは面積を求めていきます。

平行四辺形の面積の求め方を公式化するまとめ以降の展開に、子どもが主体的にかかわる場面はあったでしょうか。いいえ、まとめ以降は教師主導の展開です。教師から提示された適用問題を解くことはできるかもしれませんが、これは「深い学び」ではありません。**子どもが主体になり、子どもが新しい場面を創造する展開がない**からです。

2 「主体的な学び」「対話的な学び」が「深い学び」を左右する

▶「深い学び」は独立してはいない

「『深い学び』のある授業は,どうすれば実現できるのですか？」

このような質問を受けることがありますが,「深い学び」だけをピンポイントで取り上げ,具現する授業を展開することは不可能です。なぜなら「深い学び」は「主体的な学び」「対話的な学び」とつながっているからです。

「深い学び」に子どもの主体性が必要なことを先に述べました。その主体性は,「主体的な学び」「対話的な学び」の中で生まれてくるのです。そこで生まれた子どもたちの問題に立ち向かう主体性が,次の創造的な場面を生み出していくのです。

▶「この場合もできるのかなぁ？」

前述の5年「面積」での平行四辺形の面積の求め方の授業で考えます。この授業では,教師が1つの平行四辺形の面積が求められた後で,まとめを行いました。しかし,教師がまとめを急ぎ過ぎているのです。もっと「対話的な学

び」の場面をじっくりと展開することが大切です。

等積変形で長方形に変形すれば平行四辺形も面積が求められることがわかりました。しかし、その方法が適用できるのは右の平行四  辺形の場合だけです。教師によるまとめを急がず、もう少し子どもたちの「対話的な学び」に任せてみると、子どもたちは次のような対話を行うのではないでしょうか。

「でもさぁ、長方形に変身ができたのはたまたまじゃないのかな…?」

「そんなことはないよ。他の平行四辺形だって、端っこを切って反対側に動かせば長方形に変身できるよ」

「そうだよ。もっと傾いていても大丈夫だよ」

「そうかな? もし、こんな平行四辺形(右図)だったらどうするの…」

「本当だね。端っこがうまく切れないよ」

子どもたちは、長方形に等積変形する方法の一般性を巡って「対話的な学び」をしているのです。その対話の過程で、新たな問題場面を子どもたちが考えています。この場面での子どもたちは、主体的に新しく生まれた平行四辺形の面積の求め方を追究しています。このような姿こそ、本当の「深い学び」です。

「深い学び」では、子どもが主体的、対話的に学び合うことが必要なのです。

3 子どもが問題場面を創造する

▶ 教師は問題場面を提示しない

前項で，平行四辺形の面積の求め方を考える授業を例にしました。その場面で子どもたちが取り組んだ問題（図形）は，教師が提示したものではありません。子どもたちから生まれてきたものです。

このように「深い学び」で子どもたちが取り組む問題場面は，子どもから生まれたものであることがベストです。

上図のような平行四辺形を，教師が提示しても子どもから引き出しても，結局は面積の求め方を考えるのだから同じことではないのかと考える先生もいるかもしれません。

しかし，これはまったく違います。

教師が提示した問題を子どもが考えているのは，「深い学び」ではありません。そこには，子どもの主体性がないからです。子どもは教師から提示された平行四辺形の面積の求め方を考えさせられているだけです。

問題解決において子どもが主体性をもつこと，目的意識をもつことの重要性が，新しい学習指導要領の解説では繰り返し述べられています。

その意味からも，教師が問題を提示し，それを子どもが解いているという展開は，「深い学び」とは言えないのです。

▶子どもから生まれた問題が「深い学び」をつくる

　前項では，子どもの次の言葉がきっかけで「深い学び」が始まった事例を紹介しました。
　「でもさぁ，長方形に変身ができたのはたまたまじゃないのかな…？」
　この言葉をきっかけに，新たな平行四辺形の形が子どもから生まれてきたのです。子どもが，１問目で教師が提示した平行四辺形の求積の仕方の一般性を考えた結果として生まれてきた形です。
　このように，**子どもが見つけた問題の解決策やきまりの一般性を自ら問いかけたときに生まれてくる新たな問題場面こそ，「深い学び」で取り組む価値ある問題**なのです。
　子どもたちが，
　「今見つけたきまりは，別の数字でも当てはまるのかな…？」
　「直角三角形はできたけど，普通の三角形でもできるのかな…？」
などと考えた結果として生まれてくる新たな問題に，子どもたちが主体的に取り組むのは当然です。

4 「深い学び」に導く偶然性の指摘

▶ しかけがなければ「深い学び」は生まれない

「深い学び」には,子どもから新たな問題場面が生まれてくることが必要であることがわかりました。まるっきり無策で授業をスタートしても,「深い学び」へと子どもが辿り着くことはありません。

では,何をすれば子どもが新たな問題場面を考えたくなるのでしょうか。

最初から,「でもさあ,長方形に変身ができたのはたまたまじゃないのかな…」という声が生まれてくることが理想です。このようなクラスは,「深い学び」を愉しむことができる高いレベルに到達しているとも言えます。

しかし,4月当初からこのような声が生まれてくるクラスは少ないかもしれません。そんなとき,「深い学び」へと導く簡単な手立てがあります。それは,**子どもが見つけた問題の解決策やきまりの一般性を,教師が問いかける**のです。具体的には

「その方法(きまり)は,たまたまだよね?」

と投げかけるのです。すなわち偶然性を問うのです。

偶然性を問われることで,それまで目の前の問題が解決

して安定していた子どもたちが，再び動き出します。自分たちの解決方法を，一般化の視点で見直すのです。

▶ 偶然性の視点から「深い学び」へ

前述の「平行四辺形」の問題を例に考えます。

平行四辺形の面積の求め方を，子どもたちは長方形に変身することで求めていきました。その解き方を，クラス全体で共有しました。この共有が終わった後で，次のように投げかけるのです。

「長方形に変身して面積が求められるのは，このときだけのたまたまだよね？」

教師が長方形への等積変形の求め方の偶然性を指摘するのです。この教師からの偶然性の指摘に対して，子どもたちは猛烈に反発をしてきます。

「そんなことはないよ。他の平行四辺形もできるよ」

「縦に長い平行四辺形や，つぶれた平行四辺形でも同じ方法でできるよ」

「どんな平行四辺形でもできるよ」

偶然性を指摘することで，長方形に変身できる平行四辺形は他にもたくさんあることを，子どもたちは主張してきます。しかも，具体的な平行四辺形の図を黒板やノートにかき出していきます。

偶然性の指摘をきっかけに，子どもたちが新しい平行四辺形の形をつくり出したのです。

▶ **新たな視点が生まれる**

　子どもたちは，長方形への等積変形の偶然性の指摘に対して反論してきました。ところが，この偶然性の指摘からのアプローチは，別の視点も引き出してきます。つまり，偶然性の指摘そのものを肯定する視点です。**偶然性を肯定する新たな対象を，子ども自身がつくり出すことに有効に働く**のです。

　先の「平行四辺形」の授業では，次のように子どもたちは学びを深めていきました。

　「でも，うまくできないのもあるよ。縦に細長くて，ものすごく斜めになった平行四辺形だとうまくできないよ」

　「本当だ！　右端を切ったらバラバラになっちゃうよ」

　「バラバラになったら，どうしたらいいのかわからないね」

　「やっぱり，うまくできない形もあるってことだね」

　自分たちが見つけた，平行四辺形の右端を切って左端に移動して長方形に変身する方法が適用できない形を見つけたのです。つまり，一般化の限界を指摘する図形を，子ども自身がつくり出したのです。このような一般化の限界を指摘する声も，子どもたちが「深い学び」の世界に入って

いる姿だと言えます。

さて,この一般化の限界の指摘に対して,今度はそれを否定する見方・考え方が生まれてきます。

「だったら,縦長の平行四辺形を倒したらどうかな。そうしたら,最初と同じ方法で長方形に変身できるよ」

「そうしたら,今までと同じだよ。簡単だ！」

一般化の限界への指摘が,このような視点の転換を導いたのです。この視点の転換により,長方形への等積変形の一般化が確かめられました。

ここでは,教師が偶然性の指摘を行った例を紹介しました。4月当初は,このような教師からのアプローチが必要です。

教師からの偶然性の指摘を行うことで,授業は子どもがつくり上げる「深い学び」の世界へと展開していきます。このような授業体験を蓄積することで,やがて子どもが偶然性の指摘をするように育っていきます。

その瞬間を聞き逃さず,その指摘ができた子どもを価値付けることも,「深い学び」を愉しむ子どもを育てるうえで大切です。

5 深く学ぶと、見えないものが見えてくる

▶ 見えてほしいものを隠す

「深い学び」では、子どもたちが目の前の対象場面を拡張した世界を自ら見つける展開が多いことを述べました。しかし、「深い学び」で見られる様相は、それだけではありません。

目の前の対象に隠れた見えない世界が見えてきたときも「深い学び」が生まれた瞬間と言えます。

具体的な授業で説明します。6年生「反比例」の授業を先に紹介しましたが、その授業のその後です。

子どもたちは、円形のエアーホッケー場でのパックの発射角とゴールに入る線の本数を調べていきました。

子どもたちは、発射角が45°、30°、15°の場合を実験し

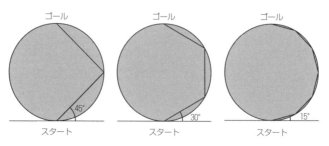

ました。それを通して,「発射角度×本数＝90」というきまりがあることに気付いていきました。

この後の展開を紹介します。

15°でパックを発射したときの線の数が6本であることが,作図を通して見えてきました。「発射角度×本数＝90」のきまりの確からしさが証明されました。この結果を見た子どもから,

「比例みたいになっている」

というつぶやきが上がりました。これまでとは違う視点での気付きです。

しかし,このつぶやきの意味は,まだクラス全体には理解されていません。そこで,このつぶやきをクラス全体で共有していきます。

「できる線の数は,2本から1.5倍,3倍となるでしょ。角度は45°から÷1.5,÷3になっているよ」

「それって,線の数は比例だけど,角度は比例じゃないよ」

「角度は比例の反対だよ」

反比例につながる見方が生まれてきたのです。

▶ 見えないものが見えてくる

　子どもから生まれた反比例の見方をクラス全体で共有しました。すると今度は次のつぶやきが上がってきました。
　「1があればわかりやすくなるよ」
　前述の子どもたちの説明では，「45°で2本」の場合を基準に考えていました。しかし，中途半端な基準量のため2種の変化の関係がわかりにくく，反比例の視点での説明をすぐに理解できない子どももいました。
　そこで生まれたのが，上のつぶやきです。子どもたちに，次のように投げかけます。
　「『1があればわかりやすくなるよ』ってどういうことかな？」
　すると，子どもたちが次のように説明をしてきます。
　「1がないからわかりにくいんだよ」
　「90°でパックを発射すれば，線は1本でしょ。これを基準にすればわかりやすくなるよ」

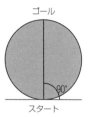

　「1本を基準にすれば線の本数は2倍・3倍・6倍になっているね」
　「今度は角度を見ると，90°を基準にすればいいね。そうすると，÷2・÷3・÷6になっているね。これだとすっきりしてわかりやすいね」
　「小数じゃなくて，整数だけだからわかりやすいね」

「90°で1本」の基準となる場面は意図的に提示しませんでした。**考えやすい基準となる場面を子どもに見つけてほしいと考えたからです。**「90°で1本」を基準として設定することで、反比例の見方の理解は容易になります。

教師から提示された場面だけを考える対象にするのではなく、**よりよく考えられるようにするために、子ども自身が新たな対象場面をつくり出すことが、「深い学び」の姿**であると言えます。

見えなかった基準となる対象場面、数学的に価値ある場面を子ども自身が見つけていくことができました。この基準が生まれたことが、さらなる新しい場面の創造にもつながっていきました。

「90°を基準にしたら10°もわかる。÷9になっているから、反対に線の数は9倍だから1×9で9本だね」

「だったら1°も簡単だよ。90°の$\frac{1}{90}$だから、線の数は90倍で90本だね」

それまで見なかった基準となる1が見えてきたことで、今度は対象の範囲が反対の方向に拡がっていきました。「深い学び」の範囲が、両方向へと拡張していったのです。これこそ、子どもの声で学びが深まっていった姿です。

問題解決のキーとなる隠れた場面を子ども自身が見つける展開ができたときこそ、「深い学び」がより一層発揮されたと言えます。

6 子どもに任せることで,学びは深まる

▶ **結論を急がない**

　多くの先生方の授業を参観していると,共通して感じることがあります。
　それは,**「まとめ」を急ぎすぎている**ということです。
　せっかく子どもたちが主体的に問題場面に向き合い,「対話的な学び」を始めても,教師がそれらの学びの進行を遮ってしまうのです。
　前述の「平行四辺形の面積」の授業であれば,教師が授業冒頭で提示した平行四辺形の面積が求められただけで,平行四辺形の面積の公式を「まとめ」として教師が提示してしまうのです。
　研究の世界では,1つの事例だけで結論を導き出すことはありません。多数の実験を通して,どんな場合でも同じ結論が得られたとき,はじめて1つの結論が導き出されるのです。医療の世界の研究であれば,その治験数は何千,何万に及びます。この治験の過程で,研究者はわくわくしながらその結果を見守るのです。そして,このような過程を経て,はじめて1つの揺るぎない結論が導き出されるのです。

算数の授業でも，研究の学び方を獲得することは大切なねらいの1つです。子どもたちから引き出した複数の事例の一般性を検証する中で，この過程そのものを愉しむ子どもを育てることが大切なのです。

▶もっと子どもに任せよう

　結論を急ぐのではなく，もっと子どもたちの声に耳を傾けることが大切です。

　主体的に学び始めた子どもは，対話的に学び始めます。そこで，どんなことに子どもたちが興味をもって話し合っているのかを見極めるのです。

　「でもさぁ，そのやり方は偶数のときだけの偶然じゃないのかな？」

　「ものすごく斜めになった平行四辺形だと，三角形にできないよ」

　このような声に耳を傾けるのです。

　そして，形式的な「まとめ」へと急ぐのでなく，その後の展開を子どもたちに任せてみるのです。

　そんなことをしたら，指導計画通りに授業が進まないと考える先生もいるかもしれません。しかし，実際に子どもに任せて授業を展開すると，その心配が杞憂であったことが実感できます。

　前述のエアーホッケーでの「反比例」の授業では，子どもに任せたことで教科書2時間分の内容が1時間の中で子

どもから生まれてきたのです。しかも,子どもたちが自分で新しい場面を次々とつくり出していったのです。

　子どもに展開を任せることで,「深い学び」が実現します。それは,指導内容を効率的に,しかも質の高い状況で引き出すことにもつながっていくのです。

第6章

「数学的な見方・考え方」と授業づくり

1 「数学的な見方・考え方」とは

▶「見方」と「考え方」

　学習指導要領に繰り返し登場するキーワードが,「数学的な見方・考え方」です。このキーワードも,とても曖昧で,何となくは理解できても,はっきりとは説明できないのではないでしょうか。にもかかわらず,このキーワードは算数科の目標冒頭に登場します。

> 　数学的な見方・考え方を働かせ,数学的活動を通して,数学的に考える資質・能力を次のとおり育成することを目指す。

　算数には3つの目標がありますが,それを達成するために「数学的な見方・考え方」を働かせる必要があるのです。
　では,目標達成のキーとなる「数学的な見方・考え方」とはどのようなものなのでしょうか。新しい学習指導要領の解説では,次のように説明しています。

> 　算数科における「数学的な見方・考え方」は,「事象を,数量や図形及びそれらの関係などに着目して捉

> え，根拠を基に筋道を立てて考え，統合的・発展的に
> 考えること」として整理することができる。

さらに，「見方」「考え方」についても，それぞれ次のように説明されています。

> 「数学的な見方」については，「事象を数量や図形及びそれらの関係についての概念等に着目してその特徴や本質を捉えること」であると考えられる。また，「数学的な考え方」については，「目的に応じて数，式，図，表，グラフ等を活用しつつ，根拠を基に筋道を立てて考え，問題解決の過程を振り返るなどして既習の知識及び技能等を関連付けながら，統合的・発展的に考えること」であると考えられる。

説明されるほど難しく感じるかもしれませんが，簡単にまとめると次のようになるのではないでしょうか。

「数学的な見方」とは，**数や図形の特徴や本質を探る視点のこと**です。また，「数学的な考え方」とは，**問題場面と既習事項などを関連付けながら統合的・発展的に考えること**です。

▶「見方」と「考え方」は同時進行

時系列で考えると，問題に対して本質を探る視点で見つ

め，その後，統合的・発展的に考え，解決していくことになります。しかし，実際の問題解決では，「見方」と「考え方」が行ったり来たりしています。従って，この2つは同時進行に進むと考えることができます。

　つまり，**「見方」と「考え方」を同時に働かせながら問題を解決していく**のです。大切なことは，問題解決するときに，どのような「見方」や「考え方」を働かせるのか，「数学的な見方・考え方」の中身が問題です。

▶「数学的な見方・考え方」を働かせる

　算数の問題を解決するうえで，「数学的な見方・考え方」を働かせることが大切なことはわかりました。
　しかし，具体的に子どもがどうすればよいのでしょうか。
　大切なことは，問題に出合った子どもたちがどのような視点で目の前の対象を見つめ，問題解決を進めようとするかです。子どもたちは，様々な視点で対象場面を見つめています。その視点には，数学的な価値に照らし合わせると様々なレベルがあります。
　3年生「かけざん」の学習で，縦12個・横5個の長方形状に並んだ団子の数を調べる問題があります。端から1つずつ数えれば求めることができますが，この方法はすでにかけ算九九を学習している子どもの実態を考えると，数学的価値は低いと言わざるを得ません。

この場面では，例えば，右のように団子を分割します。

このとき子どもは，団子の並び方に着目し（見方），団子の絵を分ければ既習の5の段のかけざん九九が使えるのではないか（考え方）という「数学的な見方・考え方」

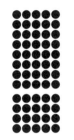

を働かせています。そうすることで，「5×8＋5×4」となり総数を求めることができます。このように，**既習事項を問題解決に有効に活用する「数学的な見方・考え方」には価値がある**のです。

▶10の視点を意識する

問題解決で活用される「数学的な見方・考え方」は多種多様ですが，その根底を成し，長く算数・数学の指導で大切にされてきたのが以下の10の視点です。

○帰納的な考え方　　　○類推的な考え方
○演繹的な考え方　　　○単位の考え
○そろえる　　　　　　○観点を決めて分ける
○同じものを見つける　○絞り込む
○置き換える　　　　　○拡げる

これらそれぞれの視点について，次ページから具体的な授業を例に紹介します。

2 帰納的な考え方

▶ 全学年で活用できる考え方

　算数・数学の代表的な考え方の1つで，**いくつかの具体的な例に共通する一般的な事柄（きまり）を見いだす考え方**です。

　「帰納的な考え方」は，1年生～6年生まで算数のあらゆる学習場面で発揮されます。

▶「あれっ，きまりがある」の声が上がると…

　1年生「たしざん」の授業です。子どもたちに，
「答えが10になるたし算をつくろう」
と投げかけます。

　たし算の式ができた子どもには，その式をカードに書かせ，黒板に貼らせます。当初は，下のように意図的にバラ

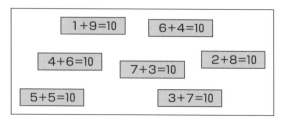

バラにカードを並べます。子どもから「カードを整理したい」という気持ちを引き出すためです。

すると,子どもたちは「もっときれいに並べたい」と声を上げます。そこで,カードを並べる活動を子どもに任せます。すると,右のようにカードを並べていきます。

1+9=10
2+8=10
3+7=10
4+6=10
5+5=10
6+4=10
7+3=10

カードがきれいに並ぶと,子どもたちはそれぞれのカードを比較します。やがて,子どもたちが次々に対話を始めます。

「あれっ,きまりがあるよ」

「たされる数が,1・2・3…と1ずつ増えてる」

「反対もあるよ。たす数は9・8・7…と1ずつ減っていってる」

「たされる数とたす数が反対のエレベーターのようになってる」

子どもたちは,口々に見つけた共通点やきまりを発表していきます。7枚の数字カードを並べてきまりを見つけた子どもたちは,その発見を発表したくてたまらない状態へと高まってくるのです。

「帰納的な考え方」は,子どもたちの学びを主体的で対話的なものへと導くうえで有効に働くのです。

3 類推的な考え方

▶「帰納的な考え方」とセット

「帰納的な考え方」できまりを見つけると,子どもはそれを他の場面にも当てはめて考えていこうとします。

類推的な考え方とは,**見つけた共通点やきまりの対象範囲を自ら拡張して当てはめていこうとする考え方**です。すなわち,帰納的な考え方と連動して,類推的な考え方が生まれてくるのです。

▶「だったら…」の声が上がると…

前述の1年生「たしざん」の授業のその後です。子どもたちは,右のように整理されたたし算カードを比較することで,様々なきまりを発見しました。たくさんのきまりを発見して喜ぶ声に続き,新たな声が上がります。

1+9=10
2+8=10
3+7=10
4+6=10
5+5=10
6+4=10
7+3=10

「だったら,まだカードがつくれるよ」

「7+3のカードの下に,まだカードが入るよ」

「8+2のカードが入るよ」

「それなら9+1のカードも入るね」

黒板には,たされる数が1〜7までのたし算カードだけを意図的に提示したのですが,子どもたちは貼られていないカードにもきまりを当てはめて場面を拡張しました。類推的な考え方を活用し,貼られていないたし算カードを見つけたのです。

| 1+9=10 |
| 2+8=10 |
| 3+7=10 |
| 4+6=10 |
| 5+5=10 |
| 6+4=10 |
| 7+3=10 |

| 8+2=10 |
| 9+1=10 |

このような視点が生まれてくると,また別の視点での対象範囲を拡張する声が生まれてきます。

「もし,答えが10ではなくて,別の答えでも同じきまりがあるのかな?」

「例えば,答えが8ならどうなるかな?」

「8でも同じになるんじゃないのかな?」

子どもたちは,答えが10のたし算カードから,答えが8など別の場合にも対象範囲を拡張して考えたのです。これも類推的な考え方と言えます。

「たし算だけじゃなくて,ひき算にも同じきまりがあるのかな?」

という声も上がります。今度はたし算からひき算の場面を考えようとしたのです。

このように,**類推的な考え方は対象範囲を主体的・対話的に拡張していくことに有効に働く**のです。

4 演繹的な考え方

▶ きまりの背後にある理由を探る

「演繹的な考え方」とは，**すでに正しいことが明らかになっている事柄を基にして個別の事柄が正しいことを説明していく考え方**です。算数では，見つけたきまりや共通点の背後にある理由を探っていくときに活用されます。

算数では，理由を尋ねる部分だけを取り出して授業を進めることがあります。教師が，「なぜ，○○になると思いますか」と尋ねる授業です。この「なぜ」が子どもから生まれたなら問題ありません。ところが，子どもは「なぜ」を感じていないのに，教師が一方的に「なぜ」と問いかけると，一部の子だけが活躍する授業になってしまいます。

▶ 帰納・類推に浸ると「なぜ」が生まれる

4年生「変わり方」の学習です。下の図のように正方形

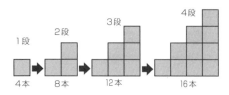

を階段状に積み上げたときの段数とまわりの辺の本数を問う問題があります。1段，2段と段数が増えるにつれて，子どもたちは変化のきまりに気付きます。

「段が増えると，まわりの辺は4本ずつ増える」

「段数を4倍するとまわりの辺の本数になっている」

「帰納的な考え方」を活用して，きまりを見つけたのです。さらに，次の声も上がります。

「だったら，5段もわかる。5×4で20本だ」

「6段も7段も，何段でもわかるよ」

今度は「類推的な考え方」できまりが当てはまる場面を拡張したのです。子どもはきまりを活用することでどんな段数でもまわりの辺の本数を求められることに自信をもちます。すると，次のようなつぶやきが生まれてきます。

「でも，何で段数を4倍すればわかるのかな？」

子どもの追究の方向が変わり，きまりがいつでも当てはまる理由探しへと視点が転換したのです。このようなとき子どもは主体的に動き出しています。

「2段だと，段になっている辺を動かすと，正方形ができるよ」

「本当だ。3段も同じように動かすと正方形になる」

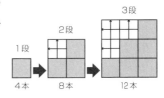

このように，**帰納・類推の世界に十分に浸った後，子どもたちは自然に「なぜ」と自ら問いかけます。**その瞬間を逃さず授業を構成することが大切です。

5 単位の考え

▶ 算数の基本的な考え方

「単位の考え」は，1年生の10を超える数からスタートし，6年生まで続く基本的な考え方です。「単位の考え」とは，**大きさを比べるとき1つ分を決め，そのいくつ分かで数値化する考え方**です。1年生の十進位取り記数法は，「単位の考え」の基本形になります。

▶「単位の考え」を活用する

2年生「長さ」の学習です。

「おはじき飛ばし大会をします。チャンピオンを決めよう」

と投げかけ，まずは2人1組，画用紙の上でおはじき飛ばしをします。スタート位置におはじきを置きます。指でおはじきをはじきます。スタート位置とおはじきが止まった位置を定規でつなぎます。この線の長い方が勝ちというルールです。

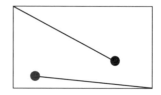

2人1組の場合は，間接比

較でも勝敗を決めることができます。また，消しゴムなどの任意単位で比較する子どももいます。どちらの方法でも，簡単に勝敗は決まります。

　次に，クラスのチャンピオンを決めます。2人1組のチャンピオンの決め方はペアによって様々です。

　1班　消しゴム7個　　　2班　おはじき9個
　3班　消しゴム8個　　　4班　鉛筆2本
　5班　ブロック5個　　　6班　消しゴム6個
　7班　おはじき10個　　 8班　鉛筆2本

この結果を基に，次のように投げかけます。

「7班が10個だからクラスのチャンピオンだね」

　この教師の投げかけに，子どもたちから猛烈な抗議の声が上がります。

「そうじゃないよ！　調べたものが違うでしょ」

「みんなが同じもので調べないとダメだよ！」

「もう一度みんながおはじきで調べ直さないとダメだよ！」

　全員が共通の単位で調べる必要感が子どもから生まれてきました。これはすなわち，1つ分の大きさを共通化しようとする気付きです。

　「単位の考え」で大切なのは，**子どもに単位を使わせることではなく，子どもが自ら単位の考えを活用したくなるような授業を構成すること**です。

6 そろえる

▶「そろえる」と見えてくる

「そろえる」ことも，1年生から繰り返し用いられる算数では活用頻度の高い考え方です。「そろえる」とは，**複数の量を比較したり，異なる2量を比較したりするときに，位や単位を一方に合わせること**です。「そろえる」ことで，それまで混沌としていたものがすっきりと見えてきます。

▶ 問いから生まれる「そろえる」

5年生「速さ」の学習です。

> 15kmを8分で走る電車1号と12kmを7分で走る電車2号，速いのはどちらでしょう。

問題に出合った子どもたちは，次のように声を上げます。
「どっちもどっちかな」
「道のりも時間もバラバラでわかりにくいよ」
確かに，道のりも時間もバラバラです。このままでは比べることができません。この部分に子どもたちは問いを見

つけたのです。問いを見つけた子どもたちは，次のように対話を進めます。

「だったら，どっちかにそろえればいいんじゃない」
「道のりが15kmと12kmだから1kmにそろえるといいね」
「電車1号は8÷15，電車2号は7÷12で計算できる」
「それなら1分あたりにそろえてもいいね」
「1分なら，電車1号は15÷8で，電車2号は12÷7で計算ができるね」
「もう1つやり方がある。最小公倍数を使えばいいよ。15kmと12kmの最小公倍数の60kmにそろえればいい」

15kmを8分で走る電車1号と12kmを7分で走る電車2号，このままの状態では速さの比較はできません。そこで子どもから生まれてきたのが，「1km当たりにそろえる」「1分当たりにそろえる」「最小公倍数（60km）にそろえる」の3つの考え方でした。いずれも基準量を「そろえる」ことで，それまで見えなかった速さの比較が見えるようになったのです。

そして，この授業では，「そろえる」視点も子どもから生まれています。

このように，**まずは子どもがそろえて考えたくなる必要感をもたせることが大切**です。そのうえで，**そろえる視点も子どもから引き出していきます**。

7 観点を決めて分ける

▶ 既習学習の延長線上に位置付く「分ける」

「観点を決めて分ける」とは,目の前の対象を既習の学習を基にして観点を決め,その観点で分類していく考え方のことです。

観点を決めて分類を進めていくことで,新たな特徴が見えてきます。

▶ 分けると新しいことが見えてくる

6年「拡大図・縮図」の学習です。

赤い台形のビル(写真中央上)を提示し,次のように投げかけます。

「同じ形のビルはいくつあるかな?」

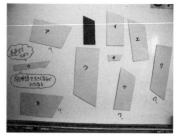

黒板には台形のビルがいくつも貼られています。子どもたちは直感で,同じ形のビルの数を「2種類」「3種類」「4種類」「5種類」と予想しました。

同じ形は何種類あるのか，子どもたちが同じ図形が印刷されたプリントを使って実験します。子どもたちは，定規を使って辺の長さを調べていきます。

　やがて，「3種類だ」と声が上がります。赤いビルの底辺部は2cm，高さ部分は5cmと4cm，上部斜めは2.3cmです。エの図形は，底辺部3cm，高さ部分は7.5cmと6cm，上部は約3.5cmです。どの辺も1.5倍になっていることがわかります。このようにして，辺の比が同じ図形は，ウ・エ・オの3種類あると考えました。

　ところが，ケの四角形も辺の比はすべてエと同じ1.5倍です。

「ケもエと同じ長さだ。これも同じ形？」
と迷う子どもの姿が見られました。ケの図形も同じ形でしょうか。その後子どもたちは次のように考えていきます。

「ケは違うよ。だって角が直角じゃないよ」

「同じ形は，辺の比が同じで角が同じじゃなきゃダメだよ」

　エとケの図形を比較することで，「同じ形」の判断基準は辺の比だけでなく，角の大きさも必要なことが見えてきました。この2つの観点で図形を見つめることで，拡大図の特徴が見えてきました。

　分類の観点は教師が与えるのではなく，子どもから引き出すことが大切です。そのためには，**分類の境界線上に位置付く曖昧なものを用意すると効果的**です。

8 同じものを見つける

▶ 共通する見方・考え方に気付く

「同じものを見つける」とは，**複数の対象を比較して，似ている点や共通点を見つけ，同じものと見なしていくこと**です。1時間の授業の中だけでなく，既習の内容との比較の中で生まれてくることもあります。また，対象の表面的な共通点だけでなく，その背後にある考え方の共通点も含まれています。

▶ 離れている単元がつながる

6年生「体積」の学習です。

> まわりの辺の長さの合計が52cmで，体積が最大の柱体をつくろう。

多くの子どもたちは，直方体が最大の体積になると考えました。一方，三角柱が最大の体積になると考える子どもたちも数人でしたがいました。

体積が最大になる柱体はどんな形でしょうか。工作用紙

を使って，自分が最大の体
積になると思う柱体をつく
ります。やがて柱体が完成
してくると，

「あれっ，三角柱が大き
く見えるよ」

という声が聞こえてきます。確かに，見た目では三角柱が
何となく大きく見えます。

　実際に体積を確認します。直方体は5年生で学習してい
るので，計算で求めることができます。しかし，三角柱の
体積の求め方は未習です。ところが，子どもたちは次のよ
うに考えていきました。

「三角柱も直方体と同じだよ」

「だって，直方体は底面の上の高さ1
cmの箱の体積を求めたでしょ。それが3
段あれば3倍すれば体積が求められた。
同じようにすれば，三角柱もわかるよ」

「底面の面積×1の体積は，面積と同じでしょ。だから，
三角柱も底面の面積×1をしても，面積と体積は同じ。そ
れの高さが4段なら4倍すればいい」

　1年前に学習した直方体の体積を求めるときの考え方が
三角柱でも使えることに，子どもたちは気付いたのです。
この考え方を使えばどんな柱体の体積も求めることができ
ます。

9 絞り込む

▶ はっきりしないことを推測する

「絞り込む」とは，**対象の範囲を次第に限定していくことで，おおよその答えを見つけていくこと**です。「絞り込む」考え方は，低学年で活用されることはそれほど多くはありません。計算ではっきりと答えが見つけられないときに，おおよその答えを見つけていく過程などで活用されます。

▶「絞り込む」とだいたいの答えが見えてくる

次の問題を子どもたちに提示します。

> 面積が64cm²の正方形があります。
> 1辺の長さは何cmでしょうか。

子どもからは「簡単だよ」と声が上がります。
「8×8が64でしょ。だから8cmだよ」
かけ算九九を使うことで，簡単に答えが求められました。
続いて，同様の問いを投げかけます。

「面積が31.36cm²の正方形があります。1辺の長さは何cmでしょうか？」

この問いに、子どもたちから、

「あれ、計算できない」

「九九に答えがないぞ」

と声が上がります。かけ算九九に小数の答えはありません。

では、1辺の長さを求めることはできないのでしょうか。

「それじゃあ、1辺の長さはわからないんだね」

と投げかけると、次のような声が生まれてきました。

「だいたいならわかるよ。だって5×5＝25だから、1辺は5cmよりは長いよ」

「それなら、6×6＝36。だから、6cmよりは短いね」

「だったら、5と6の真ん中の5.5cmかな？」

「5.5×5.5＝30.25だから、5.5cmよりも少しだけ長いよ」

「それなら5.6cmかな？ 5.6×5.6＝31.36でぴったりだ」

「1辺は5.6cmだね」

子どもたちは、1辺の長さの範囲を少しずつ限定していくことで5.6cmを見つけていきました。1つ前の結果を基に、微修正を行いながら正しい答えへと近付くことができたのです。

このように、**少しずつ対象の範囲を限定していくことで、正しい答えに近付くことができる**のです。この答えに近付く道筋にこそ価値があります。

10 置き換える

▶ 混沌とした状況で生まれてくる

複雑な問題場面に出合ったとき，子どもたちはすぐにはその状況が理解できないことがあります。そんなときに活用される考え方です。「置き換える」とは，**複雑な式を文字で表したり，資料をグラフや表で表したりすることで，混沌とした状況をすっきりさせること**です。

▶「置き換える」と見えてくる

5年生「偶数と奇数」の導入場面です。

> あきら君とゆう子さんがかるた大会をしました。1回戦は6枚差でゆう子さんが勝ちました。2回戦は，ゆう子さんが1回戦よりも1枚多く取りました。あきら君とゆう子さんの差は，何枚になりましたか。

かるたの総数が示されていない条件不足の問題です。
そのため，子どもたちは，
「7枚かな」

「8枚じゃないかな」
「13枚だと思う」
などと様々な予想をします。
　さらに，
「かるたが何枚あったか書いてないから，よくわからない」
という声が上がってきました。子どもたちの頭の中は，問題場面の整理ができずに混沌としているのです。
　そんなとき，Ｃさんが次のような説明を始めました。
「もし，かるたの枚数が10枚だとするよ。10枚なら１回戦はゆう子さんが８枚であきら君が２枚で６枚差でしょ。２回戦はゆう子さんが１枚多く取ったから９枚取って，あきら君は１枚になるってことだよ。だから，差は８枚差になるよ」
　Ｃさんは，問題文に示されていないかるたの枚数を10枚だと仮定して説明を行いました。この説明に，子どもたちも納得です。
　Ｃさんは，曖昧な問題場面を，簡単な「かるた10枚」の場面に「置き換える」ことで，それまで見えなかったものを見えるようにしたのです。
　複雑で混沌とした状況をなんとか解決したいという状況の延長線上に，「置き換える」という視点は生まれてくるのです。

11 拡げる

▶ 足りない情報を補う「拡げる」

　目の前に見える対象場面だけでは問題が解決できないことがあります。そんなときに活用される考え方です。
　「拡げる」とは，**条件不足や情報不足などの理由で問題解決が進まないときに，条件や情報を補い対象範囲を拡大することで，それまで見えなかったことを見えるようにする**ことです。

▶「拡げる」と見えてくる

　6年生「比例」の学習です。
　子どもたちに目をつぶらせて
　「まわりの辺は何本あるでしょう？」
と投げかけます。目を開けた子どもの前に現れたのは，下の図形です。

子どもたちは，必死でまわりの辺の数を数えます。本数は12本です。

　続いて，下の図が子どもたちの前に現れます。

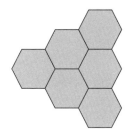

　まわりの辺の数を数えると，本数は18本です。

　ここまでの結果を見た子どもから，次のような声が上がります。

「次もわかる！」

「４つになったら24本になる」

　ここまで六角形が右側に１列ずつ増えていました。子どもたちは，次はさらに右側に六角形が４つ増えると考えたのです。目の前の対象場面を，子どもたちが自ら拡げて考えたのです。

　子どもたちの声を受けて，六角形が右側に４つ増えた場合を実験します。辺の数は，子どもたちの予想通り24本となりました。

　今度は，この実験結果から，次の声が上がりました。

「６ずつ増えている」

「全部６×１，６×２，６×３になっているよ」

子どもたちは，辺の本数を式化できると考えたのです。

　子どもの声にあった「6×1」は，六角形が1つの場合の辺の数を求める式です。六角形が1つの図は意図的に提示していません。

　ところが，子どもたちは，その場合を自分たちで設定したのです。六角形が1つの場合を設定することで，見つけたきまりを式化することが容易になったのです。

　さらに，次の声も上がってきました。

「これって言葉の式にできる」

「$6 \times x = y$になるよ」

　6年生の「比例」の学習では，既習の文字式と関連付けることが目標の1つです。

　しかし，この場面では教師が文字式を使わせたのではありません。「比例」と「文字式」をつなげる考え方が子どもから生まれてきたのです。

　さらに，次の声も続きます。

「比例になっている」

「表にかくとわかる」

「列が2倍，3倍になると，辺の数も2倍，3倍になっているから」

　子どもたちが黒板に表をかき，説明します。表を使って説明する必要感も生まれてきました。

　このように，**子どもの拡げてみたくなる気持ちを引き出すためには，意図的に条件・情報不足の問題場面を提示することが有効な方法の1つです。**

第6章 「数学的な見方・考え方」と授業づくり

12 形式指導に陥ってはいけない「〜に着目して」

▶「〜に着目して」とは

新しい学習指導要領の解説に、次の記述があります。

> 思考力、判断力、表現力等については主なものを記述するとともに、「数学的な見方・考え方」の数学的な見方に関連するものを、「〜に着目して」という文言により記述した。

例えば、2年生の図形領域については、新しい学習指導要領に次のように示されています。

> (1) 図形に関わる数学的活動を通して、次の事項を身に付けることができるよう指導する。
> ア 次のような知識及び技能を身に付けること。
> (ア) 三角形、四角形について知ること。
> (イ) 正方形、長方形、直角三角形について知ること。
> (ウ) 正方形や長方形の面で構成される箱の形をしたものについて理解し、それらを構成したり分解したりすること。

> イ 次のような思考力，判断力，表現力等を身に付けること。
> (ア) <u>図形を構成する要素に着目</u>し，構成の仕方を考えるとともに，身の回りのものの形を図形として捉えること。
>
> （下線筆者）

 アが，身に付ける「知識及び技能」の内容です。イには，「思考力，判断力，表現力等」を身に付けるためには，「図形を構成する要素に着目」する必要があることが示されています。つまり，学習指導要領の記述を見れば，どこに着目させることが大切なのかがわかります。

▶「着目」するのは子ども

 着目するポイントが学習指導要領に明記されたことで，単元ごとにどのような見方が必要なのかを教師一人ひとりが考える必要はほぼなくなりました。

 その点で，教材研究のハードルはかなり低くなったのかもしれません。

 しかし，ここで大きな問題があります。どのようにして「図形を構成する要素」に着目させていくのかという問題です。

 2年生「三角形と四角形」の授業を例に考えます。

下のような図形を黒板に提示します。

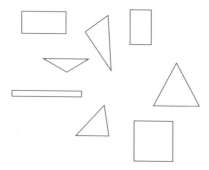

そして,次のように投げかけます。

「辺に目をつけて,形の仲間分けをしましょう」

子どもたちは,教師から指示された辺に着目します。辺の本数が3本と4本で仲間分けを進めていきます。これで,教師が意図した仲間分けはできました。

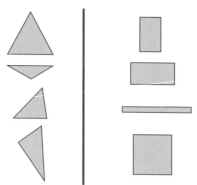

果たして,この授業で,子どもたちは「見方」を働かせていると言えるでしょうか。

そもそもこの授業には,子どもたちが主体的になる要素はありません。なぜなら,**着目する視点を教師が子どもに**

示してしまっている**からです。子どもは，教師の指示通りに辺に着目して仲間分けをさせられているだけです。これでは，図形を構成する要素に着目しているのは，子どもではなく教師です。

教師が着目する視点を提示してしまっては，「思考力，判断力，表現力等」が身に付くはずはありません。着目するのは子どもです。子ども自らが，着目したくなるような授業を構成することが大切です。

▶ 子どもが「着目」したくなるしかけ

前述の授業を，次のように改善します。

黒板に複数の図形を提示します。そして，次のように投げかけます。

「くじ引き大会をします。形を裏返すと，当たりかはずれが書いてあります」

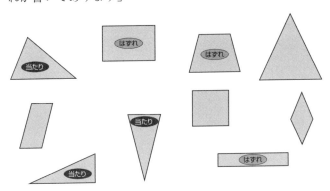

この投げかけに着目する視点は示されていません。

子どもたちは，図形を裏返していきます。何枚かのカードが裏返され，三角形に当たりが複数枚現れた時点で，子どもから，
「当たりの秘密がわかった」
と声が上がります。
「当たりは，全部三角だよ」
「線が3本あるのが当たりだよ」
「角が3つあるのも当たりだよ」
「線が3本の形はまだあるから，当たりはあるよ」
　複数の当たりを比較することで，子どもたちは辺や角の数に着目したのです。「同じものを見つける」「観点を決めて分ける」考え方を活用したのです。さらに，他にも当たりくじがあることに気付きました。ここでは「類推的な考え方」を活用しています。
　「数学的な見方・考え方」を働かせる姿が見られたときには，教師が子どもたちのその態度を価値付けることも大切です。

第7章

「数学的活動」と授業づくり

CHAPTER
7

1 「算数的活動」から「数学的活動」へ

▶ 何が変わったのか

　新しい学習指導要領の算数科の目標冒頭は，次のようになっています。

> 　数学的な見方・考え方を働かせ，数学的活動を通して，数学的に考える資質・能力を次のとおり育成することを目指す。

　「資質・能力」は，「数学的活動」を通して育成することが大切だと述べています。

　では，「数学的活動」とはどのような活動なのでしょうか。これについては，新しい学習指導要領の解説において，次のように説明されています。

> 　数学的活動とは，事象を数理的に捉えて，算数の問題を見いだし，問題を自立的，協働的に解決する過程を遂行することである。

　ここで述べられていることは，これまでに見てきた「主

体的・対話的で深い学び」とほぼ同義とも言えるものです。「問題を見いだす」「問題を自立的,協働的に解決する」過程を遂行することを「数学的活動」の意味として述べていますが,これは「主体的・対話的で深い学び」で求める子どもの姿と同じだからです。

ところで,従来算数科では「算数的活動」という文言が用いられており,「算数的活動」は「児童が目的意識をもって主体的に取り組む算数に関わりのある様々な活動」と説明されていました。

では,なぜ「算数的活動」から「数学的活動」へと言葉が変わったのでしょうか。この理由は,新しい学習指導要領の解説で,次のように述べられています。

> (算数的活動の)従来の意味を,問題発見や問題解決の過程に位置付けてより明確にしたものである。
> （　）筆者

すなわち,数学的に問題を発見する過程をこれまでよりも強調しているのです。さらには,子どもたちが発見した問題を解決していく過程も強調しています。問題解決の過程では,単に問題が解ければよいのではありません。**問題を解決することによって新しい問題を見いだしたり,問題の答えから新たな見方を統合的に見つけたりすることを求めている**のです。

2 活動は目的ではない

▶「算数的活動」ブーム

「算数的活動」は，平成20年版の学習指導要領において，各学年の内容の中に活動例が示され，学校現場では「研究授業では算数的活動を入れよう」「問題解決の算数には算数的活動が必要だ」と，大きなブームが起きました。

算数の学習指導案には，必ず「算数的活動」の言葉が入るようになりました。研究授業の後の協議会でも，「今日の授業に算数的活動はあったか」などの視点で協議が進むことが少なくありませんでした。

そして，学校現場で「算数的活動」に注目すること自体は大変よいことでしたが，実際にそこで行われている算数的活動の中身が問題だったのです。

▶ 目的化した「算数的活動」

では，何が問題だったのでしょうか。

ブームの中で盛んに取り上げられたのは，操作活動でした。そして，「算数的活動＝操作活動」と矮小化して捉えられていたのです。

つまり，操作活動を授業に取り入れるだけで「算数的活動」が具現できたと考える人が少なくなかったのです。操作活動は，問題解決のための手段に過ぎません。にもかかわらず，**操作活動を行うこと自体が目的となってしまった**のです。

　例えば，1年生「たしざん」で，繰り上がりのあるたし算を学習します。この場面で，次のように教師が投げかけてしまうのです。

　「団子が9個あります。3個もらいました。団子は全部で何個ですか。ブロックを使って考えましょう」

　この投げかけでは，「算数的活動」は具現できません。なぜなら，教師がブロックを使った操作活動に誘導しているからです。「算数的活動」で大切なのは，子どもが目的意識をもって主体的に取り組むことなのです。つまり，**数字だけで考えていてはうまくいかなくなり，ブロックを使って考えたくなる状況を設定することが大切**なのです。

　「算数的活動」から「数学的活動」へと用語が変わったことを契機に，このような過去の実態への反省と教師の意識改革が求められていると言えるのではないでしょうか。

3 その「数学的活動」に問いはあるか

▶「数学的活動」は
「主体的・対話的で深い学び」そのもの

　「数学的活動」について,新しい学習指導要領の解説には,次のような説明があります。

> 　数学的活動においては,単に問題を解決することのみならず,問題解決の過程や結果を振り返って,得られた結果を捉え直したり,新たな問題を見いだしたりして,統合的・発展的に考察を進めていくことが大切である。

　「単に問題を解決する」とは,教師が提示した問題を,子どもが受動的に解くだけ,というような場面をイメージすればよいでしょう。当然,「主体的・対話的で深い学び」とは言えません。

　「問題解決の結果や過程を振り返って,得られた結果を捉え直したり」の部分で求められるのは,「主体的な学び」や「対話的な学び」の姿です。

　また,「新たな問題を見いだしたりして,統合的・発展

的に考察を進めていく」の部分で求められてくるのは，「深い学び」の姿と言えるでしょう。

▶問いをもたせることで数学的活動が始まる

1年生の繰り上がりのあるたし算の授業例を前項で紹介しました。

> 団子が9個あります。8個もらいました。団子は全部で何個ですか。

子どもたちは，どのようにこの問題に取り組むでしょうか。

繰り上がりのある計算にはじめて子どもたちは出合いました。しかも，9個と8個をたします。すぐには答えが見えにくい数値です。

「どうやって団子の数を求めたらいいのかな…」
と子どもたちは考えます。**この問いこそが，子どもたちにとっての数学の問題になり，はじめて主体的に子どもたちが動き出す**のです。

すぐに答えが見えないとき，子どもたちは絵や図，ブロックを使いたくなります。つまり，目的意識をもって操作活動に取り組むのです。このような過程で，操作活動を行うことが大切なのです。

この問題では，9個に1個をたして10をつくる子どもと，

8個に2個をたして10をつくる子どもがいます。

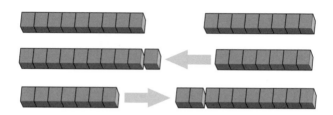

この結果から,
「どっちも10ができている」
と子どもたちは,考え方の共通点に気付いていきます。計算の過程を振り返り,統合的に見たのです。
このように,子どもが問いをもつことで,数学的活動は始まるのです。

第8章

新領域「データの活用」と授業づくり

CHAPTER
8

1 「データの活用」とは

▶ 新領域「データの活用」

　新しい学習指導要領では,「データの活用」という新領域が設けられました。背景の1つとして,日本の子どもの統計的な問題解決力が弱いということがあげられます。統計的な問題解決について,新しい学習指導要領の解説では次のように述べています。

> 　多くの情報が氾濫する高度情報化社会では,目的に応じて情報を適切に捉え,的確な判断を下すことが求められる。小・中・高等学校の各学校段階を通じて,統計的な問題解決の方法を身に付け,データに基づいて的確に判断し批判的に考察することができるようにする必要がある。算数科では,データを様々に整理したり表現してその特徴を捉えたり,代表値やデータの分布の様子を知って問題解決に生かすなど,統計的な問題解決の方法について知り,それを実生活の問題の解決過程で生かすことを学習する。

　溢れかえる情報を鵜呑みにするのではなく,それらの情

報を自らわかりやすく整理したり,特徴を捉えたりすることが大切だと述べています。さらに,ときには批判的に情報を見直す必要性にも言及しています。こういった力を培っていくことが大切になります。

▶何ができればよいのか

では,「データの活用」領域では,何ができればよいのでしょうか。新しい学習指導要領の解説では,「データの活用」領域のねらいを3つに整理しています。

・目的に応じてデータを集めて分類整理し,適切なグラフに表したり,代表値などを求めたりするとともに,統計的な問題解決の方法について知ること
・データのもつ特徴や傾向を把握し,問題に対して自分なりの結論を出したり,その結論の妥当性について批判的に考察したりすること
・統計的な問題解決のよさに気付き,データやその分析結果を生活や学習に活用しようとする態度を身に付けること

忘れてはならないのは,**分類整理したり,批判的に考察したりする主体は子どもで,教師ではない**ということです。

2 データを分類整理したくなるしかけ

▶ データを分類整理しないのがしかけ

　分類整理したり，批判的に考察したりする主体は子どもであると前項で述べました。そうなると，子どもたちがデータを分類整理したり，考察したりしたくなるような授業を展開することが求められます。そのためには，授業にしかけが必要です。

　あらかじめ分類整理されたデータを教師から提示したら，子どもがデータを分類整理する必要はありません。したがって，子どもにデータを分類整理したいという気持ちをもたせるには，**教師が提示する情報を意図的にバラバラにすることが大切**です。

　6年生「度数分布」の授業を例に説明します。

　子どもたちに，次のように投げかけます。

　「『100に近い方が勝ち』ゲームをしよう」

　2つの封筒を用意します。封筒の中には，数字カードが入っています。封筒の表には，中に入っている数字カードの平均値「95」「102」が書かれています。

　教師対子どもチームでゲームを行います。どちらの封筒を選択するかは子どもに任せます。子どもたちは，迷わず

平均値102の封筒を選びました。封筒に入っている数字カードが100により近いと考えたからです。

教師対子どもで，1枚ずつ数字カードを封筒から取り出していきます。

ところが，何枚数字カードを取り出しても教師が勝ち続けます。102と書かれた封筒には，100からかけ離れた数字カードしか入っていないのです。

封筒から取り出した数字カードは，下のようにバラバラに黒板に貼っていきます。これが，データを分類整理したくなる気持ちを子どもから引き出すしかけです。

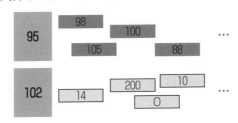

▶ 子どもの声をキャッチする

何枚数字カードを引いても，子どもたちは勝てません。

黒板にバラバラに貼られた数字カードを見たある子どもが，カードを指さしながら手を左右に動かす姿が見えました。そこで，この動きの意味を，次のようにクラス全体に投げかけます。

「カードを指しながら，手を左右に動かしている友だちがいました。何をしたいのか，気持ちがわかるかな？」

子どもたちは，次のように対話を進めていきます。

「だから，私たちが引いたカードは差が大きいってことを言いたいんだよ」

「先生のカードは，100に近いでしょ」

「そうだよ。先生のカードは100から離れているのが全然ないんだよ」

「それなのに，私たちのカードは差が大きくて，上がったり下がったりしているんだよ」（Kさん）

Kさんの頭の中では，バラバラに貼られた数字カードが整理された状態にあるのです。そこで，Kさんの声をクラス全体に投げ返します。

「『差が大きくて，上がったり下がったりしている』ってどういうこと？」

すると子どもたちは，「だから…」と言って黒板の前に出てきます。そして，バラバラに黒板に貼られた数字カードを整理し始めます。数字カードの最小値の0を，黒板の左端に移動します。最高値の200を，黒板の右端に移動します。その他のカードを，この2枚のカードの間に下の写真のように整理していきます。

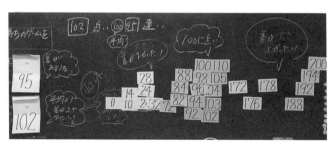

「差が大きくて，上がったり下がったりしている」という意味を，子どもたちが数字カードを分類整理することで見えやすくしようとしたのです。これは，**度数分布のグラフそのもの**です。

教師が度数分布のグラフに整理することを指示したのではありません。子どもが整理したくなるように，意図的に情報をバラバラに提示したのです。

ところで，子どもが情報を整理したくなるためのしかけを用意するだけでは不十分です。もう1つの大切なことがあります。それは，**情報を分類整理したくなることにつながる子どものつぶやきや態度をキャッチし，クラス全体で共有する**ことです。

この授業では，カードを指しながら手を左右に動かしているジェスチャーと，「それなのに，私たちのカードは差が大きくて，上がったり下がったりしているんだよ」というつぶやきでした。

これらを教師がきちんとキャッチし，その意味を判断し，クラス全体に投げ返したのです。これが，黒板にバラバラに貼られた数字カードを分類整理するきっかけとなりました。

3 データを批判的に考察したくなるしかけ

▶ 表やグラフ自体を見直す

　「データの活用」では，結論について多面的・批判的に考察することが求められています。その詳細を，新しい学習指導要領の解説では，次のように説明しています。

> 　自分たちが行った問題設定や集めたデータ，表やグラフを用いての分析の仕方など，問題解決の過程や結論について異なる観点や立場などから多面的に捉え直してみたり，誤りや矛盾はないかどうか妥当性について批判的に考察したりすることが重要である。

　表やグラフを作成して終わることが，これまでの学習では多かったのではないでしょうか。それは，表やグラフを作成することだけが目的となっていたからです。しかし，今回の学習指導要領では，作成した表やグラフそのものを見直すことや，そこに表現された内容自体を批判的に見ることを求めているのです。

　これまでにも述べてきましたが，ここでも**大切なのは子どもが表やグラフを見直したり，批判的に見たりしたくな**

るように授業を構成することです。

▶「あれっ,おかしい」と気付かせるしかけ

4年生「概数」単元の終末に,概数で表されたデータを折れ線グラフに表現する学習があります。

教科書などでは,あるデータを概数に置き換えさせます。その後,概数に置き換えたデータを基に,折れ線グラフに表現させます。

この展開では,子どもは概数を使わされているだけです。また,折れ線グラフに表現する場面では,自らグラフを見直す必要性もありません。

そこで,次のように授業を構成します。

子どもたちに,右のような静岡県沼津市の小中学生の人数の変遷の表を提示します。そして,次のように投げかけます。

「沼津市の小中学生の人数の変化をグラフにすることはできますか?」

折れ線グラフは学習済みです。そのため,子どもたちは自信満々に,

「そんなの簡単だよ!」

と声を上げます。

年度	小中学生数(人)
1984	30293
1986	29087
1988	26787
1990	24516
1992	22865
1994	21643
1996	20566
1998	19430
2000	18531
2002	17771
2004	17135
2006	17176

そこで，グラフ用紙を配付し，折れ線グラフづくりに取り組ませます。

子どもたちが作業を始めてしばらくすると，

「3とか無理！」

「できない…」

「わからなくなってきた…」

という悲鳴が聞こえてきました。

そこで，この声を子どもたちに投げ返します。

「『3とか無理！』と言った人がいるけど，その気持ちわかるかな？」

子どもたちは，同様の思いを抱えていました。そのため，一気に「3とか無理！」の思いを話します。

「だって，1目盛りが小さすぎて点がかけないよ」

「24516人なんて中途半端な数だよ。これじゃグラフにかけないよ。24000人とかならいいのに…」

「人数の1の位が6とか3だとグラフにかけないよ」

「グラフの1目盛りは200人でしょ。だから無理なんだよ」

「例えば25100人ならかけるけど，25293人ではかけないんだよ」

「だから，人数を四捨五入すればいいよ。そうすればかけるよ」

子どもたちは，小中学生の

人数のデータを使い,折れ線グラフを作成することは簡単だと考えました。

ところが,実際にグラフの作成を始めてみると,データを直接グラフにすることができないことに気付いたのです。この気付きがきっかけとなり,子どもたちはデータを批判的に見直したのです。

その結果,既習である概数を活用することでグラフ化できることに気が付いたのです。

提示する情報を教師が整理し過ぎないことが,批判的な考察を引き出すことに有効に働いたと言えます。

▶ 捉え直すことでよさを実感する

子どもたちは,小中学生の人数を概数に直しました。
その際も,次のように対話を行いました。

「グラフの1目盛りは200人だよね」

「だから,四捨五入して何万何千何百人にすればいいね」

「それなら,グラフで点が打てるね」

子どもたちは,小中学生の人数を概数に直しました。その後,再

年度	小中学生数(人)	概数(人)
1984	30293	30300
1986	29087	29100
1988	26787	26800
1990	24516	24500
1992	22865	22900
1994	21643	21600
1996	20566	20600
1998	19430	19400
2000	18531	18500
2002	17771	17800
2004	17135	17100
2006	17176	17200

びグラフ用紙へと向かいます。

今度は子どもたちから,「できた」「これなら簡単だ」と声が上がってきました。

子どもたちは,そのままのデータをグラフ化する限界に気付いたことから,グラフ用紙の目盛りに着目しました。その結果,データそのものの使い方を見直したのです。それが概数の活用につながりました。**概数に直したデータを表現することで,グラフ化の限界を乗り越えることができた**のです。

このようにして,子どもたちは概数のよさを実感することができました。

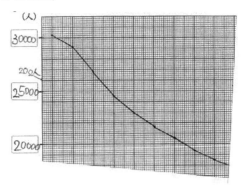

第9章

「考えを表現し伝え合う活動」と授業づくり

1 積極的な導入が求められる「考えを表現し伝え合う学習活動」

▶ 高まらない「思考力，判断力，表現力等」

　新しい学習指導要領（第3　指導計画の作成と内容の取扱い）に，次の1項目があります。

> (1) 思考力，判断力，表現力等を育成するため，各学年の内容の指導に当たっては，具体物，図，言葉，数，式，表，グラフなどを用いて考えたり，説明したり，互いに自分の考えを表現し伝え合ったり，学び合ったり，高め合ったりするなどの学習活動を積極的に取り入れるようにすること。

　「思考力，判断力，表現力等」の育成は，全国学力・学習状況調査が始まったころから盛んに求められています。ところが，依然として，「思考力，判断力，表現力等」が十分に育っていないという実情があります。
　「A問題はいいけど，B問題がよくありません」
　「A問題は，計算ドリルなどを繰り返すことで向上してきました。でも，B問題はうまく指導できません」
　こういった声を学校現場でよく耳にします。そして，こ

ういった背景を踏まえて,「考えを表現し伝え合う学習活動」の積極的な導入が求められているのです。

▶ 算数独自の表現方法も重視する

「思考力,判断力,表現力等」の育成は,算数科だけでなく,全教科を通じた課題です。それは,「言語活動の充実」という文脈でも説明され,各教科で話し合い活動や学習作文などの表現活動が重視されてきました。

算数科の場合は,教科の特性から,言葉だけで思いを伝えることには限界があります。新しい学習指導要領の解説では,次のように説明しています。

> 算数科の指導では,言葉による表現とともに,図,数,式,表,グラフといった数学的な表現の方法を用いることに特質がある。このような表現の方法について学ぶとともに,それらを活用する指導を工夫することが大切である。

すなわち,**算数授業で学習する,図,数,式,表,グラフといった数学的な表現の方法を積極的に取り入れて表現活動を行うことを求めている**のです。

では,このような算数科の特性も踏まえて,「思考力,判断力,表現力等」の向上には,どのような手立てを講じればよいのでしょうか。

2 ただ表現すれば，「思考力，判断力，表現力等」は高まる？

▶ ズレを引き出し，表現へとつなぐ

　ある学校で参観した，6年生「並べ方と組み合わせ」の授業です。

　2つのサイコロを用意します。2が3つ，3が2つ，5が1つの特別なサイコロです。この2つのサイコロを同時に振り，2つの目の積を求めるというルールです。

　教師は，次のように発問しました。

　「2つのサイコロを振ると，どんな積が出るかな？」

　出る積を発表している途中から，子どもたちは出やすい積に注目し始めました。

　「出やすいのは，12と6と4だ」

　「その中でも，4が一番だね」

　「だって，2の目が一番多いから2×2だもんね」

　この場面は，子どもの思いを大切に展開していきました。子どもたちも，かけ算の式や数字を使って自分の思いを表現しています。算数科特有の表現方法を駆使して，子どもたちは話し合いを始めました。

　この後，子どもたちは，

　「本当に4が一番多くなるのか，実験したい」

と声を上げました。そこで、2人1組になって、サイコロを振り続ける実験が始まりました。

その結果、積が4になったのは108回、積が6になったのは116回で、わずかですが、6が4を上回りました。子どもたちの予想とのズレが生まれたのです。しかし、微妙な結果に子どもたちは「偶然かも」と疑います。

▶一方的な「なぜ？」は響かない

ズレが生まれたよい場面でした。
ところが、ここで教師は次のように聞きました。
「なぜ6が多くなったのかな？　4人で話し合おう」
積が6になることにまだ半信半疑の子どもたちに、「なぜ？」を投げかけても、それは子どもの心には響きません。そのため、4人の話し合いはうまく展開しませんでした。一部の子どもだけが、樹形図などを使って一方的に自分の思いを伝えるだけの展開になりました。

このように、教師から子どもに一方的に「なぜ？」を投げかけても、子どもの表現したくなる気持ちは高まりません。そうではなく、子どもが「なぜ」と思いたくなるように授業を構成することが大切なのです。**子どもの「なぜ？」の思いが強ければ強いほど、「考えを表現し伝え合う学習活動」の質は高まる**からです。質の高い「考えを表現し伝え合う学習活動」では、必然的に子どもたちは図や式などの算数科特有の表現方法を駆使していきます。

3 「まとめ」に取り組ませる目的

▶「まとめ」の実態

多くの算数授業では,「めあて」と「まとめ(振り返り)」が授業に位置付けられています。「めあてとまとめは,セットで授業になければならない」と指導されている自治体もあるようです。

では,「まとめ」に取り組ませる目的は何でしょうか。その1つが,「思考力,判断力,表現力等」を育てることなのです。

多くの場合,教師の指示で子どもたちはノートに「まとめ」を記述します。

では,その「まとめ」はどのように書かせているのでしょうか。書かせ方には,大きく2つのパターンがあります。

---

①教師が黒板に書いた「まとめ」を子どもがノートに写す。

②子どもが自分で考えた「まとめ」をノートに書く。
場合によっては,「まとめ」の書き出しの一部だけは教師が板書で示し,その続きを子どもが書く。

▶書かせ方のメリット・デメリット

　①では，子どもは教師の板書を写すだけです。したがって，短時間で「まとめ」を終わらせることができます。どうしても時間が足りない場合や，全員に学習用語をしっかり理解させたいときなどに効果的な書かせ方です。

　一方②では，子どもが考えながら「まとめ」を書きます。そのため，①の書かせ方よりも時間がかかります。短くても3分，普通は5分程度の時間が必要です。

　しかし，先にも述べた通り，「まとめ」の目的の1つは，「思考力，判断力，表現力等」を育てることです。①の書かせ方では，子ども自身が「まとめ」の中身を考える必要はありません。教師の文章を写しているだけだからです。

　一方，②の書かせ方をとると，子どもは1時間の授業を振り返り，学んだことを頭の中で再構成する必要があります。

　「まとめ」の場面における「思考力，判断力，表現力等」は，子ども自身が学習内容を頭の中で再構成し，その結果をアウトプットすることで鍛えられていくのです。

4 説明活動とノート記述をリンクする

▶「まとめ」を音声言語で

　「思考力,判断力,表現力等」は,子ども自身が学習内容を頭の中で再構成し,その結果をアウトプットすることで鍛えられることを前項で述べました。このアウトプットの方法は,ノート記述だけではありません。**音声言語で説明する活動もその方法の1つです**。

　音声言語で説明するまとめは,ノート記述によるまとめと比較すると,短時間で終えられるメリットがあります。私が行う方法は,**2人1組(ペア)での説明活動**です。

　子どもたちを立たせます。そして,交互に「まとめ」を言葉で説明します。2人とも説明できたら座ります。2人で交互に説明することで,学習内容の理解度を子ども同士で確認することができます。また,説明できないペアは座れないので,理解度を教師が診断することもできます。座れないペアがいた場合,すぐさまフォローを行います。

　また,音声言語での「まとめ」は短時間でできるので,授業の短いタームごとに「まとめ」をペアで行うことで,「思考力,判断力,表現力等」の育成を小まめに何回も行うことができます。

▶ 口と耳と目と頭を使って

　音声言語による「まとめ」は小まめに繰り返しできます。さらに，この説明活動とノート記述をリンクすることで，「思考力，判断力，表現力等」の育成がより効果的に行えるようになります。

　5年生「偶数・奇数」の授業を例にします。

　子どもたちに次のように投げかけます。

　「1～5の整数の間に，＋－を入れて計算をしよう」

　答えが最大になるのは，1＋2＋3＋4＋5＝15です。子どもたちは，1～15までの整数の答えになる式をすべてつくることができると予想しました。

　1～15までの答えになる式を探る実験が始まります。ところが，何回計算をしても，見つかった答えは，1，3，5，7，9，11，13，15だけでした。やがて，この結果を見た子どもたちが，次のように対話を進めます。

　「偶数の答えの式がない」

　「奇数の答えの式しかつくれない」

　「わかった！　奇数が3つ，偶数が2つで，1つ差があるからだ」

　「だったら，6を入れたら奇数と偶数が3つ同士になって，偶数の答えが見つかるよ」

　子どもたちは，6を付け足して実験を行います。

　ところが，何度計算を繰り返しても，できるのは奇数の

答えの式ばかりでした。偶数の答えは見つかりません。

しかし、ある子どもが12の答えを見つけ、次の式を板書しました。

「6＋4＋3－2＋1＝12」

偶数の12になる式ができました。ところが、式をよく見ると、5を使っていません。しかし、5の使い忘れが、次の新たな問いを引き出します。

「だったら、5を抜いて1、2、3、4、6なら他にも偶数ができるかもしれないよ」

そこで、この1、2、3、4、6の5つを使って、偶数の答え探しをします。やがて、発見した子どもたちの喜びの声が次々と上がります。最後には、2～14のすべての偶数の答えになる式を見つけることができました。

偶数の答えになる式が見つかり終わると、子どもたちは次のように対話を始めました。

「わかった、奇数の数と偶数の数が1つ差になっていればいいんだ」

「奇数の答えなら、奇数が3つで偶数が2つだね」

「反対に、偶数の答えなら、偶数が3つで奇数が2つだね」

「だから、偶数を1つ増やして、奇数を1つ減らしたら、偶数が見つけられたんだね」

子どもたちは、答えが偶数になる場合と奇数になる場合に必要な数字カードのきまりに気付いたのです。しかも、数字カードを偶数と奇数に分類し、さらにそれらを数値化

することできまりを表現することができたのです。

　このきまりの気付きは,「演繹的な考え方」につながるもので,数学的にレベルが高い発見です。クラス全体できまりを理解する場面は,ゆっくりと展開しました。

　そして,クラス全員がきまりを理解できたと判断した時点で,次のように投げかけました。

　「答えが偶数になるときと,奇数になるときには,きまりがあることがわかりましたね。そのきまりをおとなり同士で説明しましょう」

　全員起立し,ペアで説明活動を行いました。見つけたきまりを,音声で再現させようと考えたからです。

　さらに,ペア説明が終わった子どもたちには,次の指示を出しました。

　「ペアでお話ししたきまりを,ノートに書こう」

　今度は,記述することで見つけたきまりの定着を図ろうとしたのです。子どもたちは,音声で再現した内容を,ノートに記述していきます。たった今,音声で再現した内容なので,記述活動もスムーズに展開します。

　このように,**音声言語での説明活動とノート記述をリンクして展開することで,口と耳と目と頭を使って「思考力,判断力,表現力等」を鍛えていくことができる**のです。

5　記述による表現のポイント

▶「まとめ」は終末でなければいけないのか

　授業の「まとめ」を,いつ書かせているでしょうか。

　多くの先生方は,「それは授業の終末に決まっているでしょ」と考えられると思います。

　もちろん,授業の終末場面に「まとめ」を書くこともあります。しかし,必ず終末に「まとめ」を書かなければいけないのでしょうか。

　私は,「思考力,判断力,表現力等」を効果的に育成することができるのであれば,授業の終末場面でなくても構わないと考えます。授業の中盤でもよいですし,必然性があるなら,逆に翌日の授業の冒頭でも構わないのです。

▶ 形式的な位置付けに縛られない

　第4章で,6年生「反比例」の授業例を紹介しました。その学習の第1時間目では,円のエアーホッケー盤における角度と線の関係を考えました。この時間の子どもたちは,反比例の関係を発見することをたっぷりと愉しみ,さらにその関係を場面を拡げて深く学んでいきました。そのため,

この時間の中で、一定時間を確保した「まとめ」は設定できませんでした。

そこで、翌日の授業の冒頭で次のように投げかけました。

「昨日の勉強で、いちいち図をかいて線の数を実験しなくても、反比例のきまりを使うと簡単に線の数がわかって便利だとみんなは言ってたね。みんなが見つけた反比例のきまりを、ノートに10分間でミニレポートとしてまとめよう」

子どもたちは、下のようなミニレポート（まとめ）を完成させました。

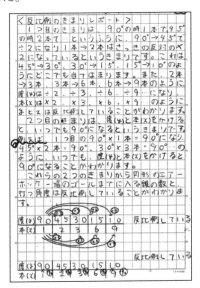

このように、「思考力，判断力，表現力等」を育成することに最も効果的なタイミングで、「まとめ」に取り組ませることが大切です。**形式的に考える必要はありません。**

6　タイミングとタイムラグ

▶「まとめ」のベストタイミング

　「まとめ」のタイミングは授業の終末に限らないことを前項で述べました。ただし，やみくもに教師の都合のよいところで取り組ませればよいのではありません。取り組ませるには，ベストなタイミングがあります。それは，**本時で身に付けさせたい学びのピークが生まれた直後**です。

▶ タイムラグが大きいと記憶から消えやすい

　学びのピークが授業開始25分後だったとします。そして，子どもが自分の言葉で「まとめ」をノートに書き始めたのが授業開始42分後だったとします。教師が「まとめ」で書かせたいことは，開始25分後の学びの内容が中心です。

　ところが，実際にノートに書くのはそれから約20分も経過した後です。算数が苦手な子どもほど，時間が経過するにつれて学びのピークの学習内容が記憶から消えていきます。このように，必然性がないのに授業の終末で「まとめ」を書かせることにこだわると，不十分なものにしかなりません。

第4章で5年生「速さ」の授業を紹介しました。この学習では、子どもたちが4種類の異なる距離を走り、クラスNo.1を決めました。その学習を通して、1m当たりよりも1秒当たりで比べる方がわかりやすいことに気付きました。この気付きが生まれたのは授業開始後30分です。

　この直後、「1秒当たりで比べるのが簡単だと考える理由」を5分間レポートとしてノートにまとめさせました。子どもたちは、一気に集中してノートに向かいました。たった今、自分たちが納得したばかりの内容です。記憶が鮮明なので、算数が苦手な子どもたちも一気にノートを書き上げました。

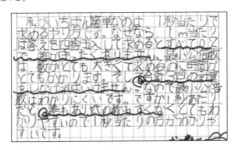

　ところで、記述による表現活動には、重要なポイントがあります。それは、表現させようと考える授業に子どもの「主体的な学び」があることです。

　これは記述に限ったことではありませんが、**子どもたちが自らの意思で学びに向かい、心から「愉しかった」と思える授業のみで、表現活動は成立する**のです。

あとがき

　学習指導要領の解説は全教科に存在します。また，小学校の学級担任はほとんどすべての教科を担当します。本来なら，自分が担当する教科の解説にはすべて目を通すことが必要です。しかし，空き時間がほとんどない小学校の先生に，そこまでの余裕はありません。そのため，算数を専門教科としている先生以外は解説に目を通すこともないかもしれません。

　しかし，算数の授業は毎日1時間存在します。担任であれば，必ず授業をする教科です。従って解説は必読と言いたいところです。ところが，そのページ数は300ページを超え，内容や用語は難解です。

　本書は，その難解な解説の内容を，実際の授業場面とリンクさせながら解説してきました。その意味では，「解説の解説書」と言えるかもしれません。

　学習指導要領の改訂と並行して，大学入試も改革されます。小学校だけではなく，大学まで含めた公教育の現場に，大きな改革が求められています。その改革を授業場面で具体的にイメージする一助として本書が役立てば幸いです。

　本書の発刊に当たっては，明治図書出版の矢口郁雄氏に大変にお世話になりました。また，学習指導要領の内容を先取りした活躍をしてくれた関西大学初等部の子どもたちにも助けられました。本当にありがとうございました。
　2018年3月

尾﨑　正彦

【著者紹介】

尾﨑　正彦（おざき　まさひこ）
新潟県佐渡市生まれ
関西大学初等部教諭
リクルート・スタディーサプリ講師（小学校算数基礎講座）
全国算数授業研究会常任理事
学校図書教科書『みんなと学ぶ小学校算数』編集委員
算数授業を愛する会代表
新潟市教育委員会認定・第１期マイスター教師（算数）
第６回東京理科大学「数学授業の達人大賞」優秀賞
第41回小学館「わたしの教育記録」特選
著書
『算数の授業がもっとうまくなる50の技』（明治図書）
『小学校算数の授業づくり　はじめの一歩』（明治図書）
『"算数学力・日本一"への挑戦』（明治図書）
『"考える算数"のノート指導』（明治図書）
『アクティブ・ラーニングでつくる算数の授業』（東洋館出版社）
『思考力・表現力を評価する算数テスト集』（東洋館出版社）
『まるごと割合の指導』（小学館）　他

小学校　新学習指導要領　算数の授業づくり

| 2018年４月初版第１刷刊 | Ⓒ著　者 | 尾　﨑　　正　彦 |
| 2018年11月初版第３刷刊 | 発行者 | 藤　原　　光　政 |

発行所　明治図書出版株式会社
　　　　http://www.meijitosho.co.jp
（企画）矢口郁雄（校正）大内奈々子
〒114-0023　東京都北区滝野川7-46-1
振替00160-5-151318　電話03(5907)6701
ご注文窓口　電話03(5907)6668

＊検印省略　　　組版所　長　野　印　刷　商　工　株　式　会　社

本書の無断コピーは，著作権・出版権にふれます。ご注意ください。

Printed in Japan　　　　　　ISBN978-4-18-274424-2
もれなくクーポンがもらえる！読者アンケートはこちらから →

小学校 新学習指導要領の展開シリーズ

平成29年版

ラインナップ

巻	編著者	図書番号
総則編	無藤 隆 編著	【3277】
国語編	水戸部修治・吉田裕久 編著	【3278】
社会編	北 俊夫・加藤寿朗 編著	【3279】
算数編	齊藤一弥 編著	【3280】
理科編	塚田昭一・八嶋真理子・田村正弘 編著	【3281】
生活編	田村 学 編著	【3282】
音楽編	宮﨑新悟・志民一成 編著	【3283】
図画工作編	阿部宏行・三根和浪 編著	【3284】
家庭編	長澤由喜子 編著	【3285】
体育編	白旗和也 編著	【3286】
外国語編	吉田研作 編著	【3287】
特別の教科 道徳編	永田繁雄 編著	【2711】
外国語活動編	吉田研作 編著	【3288】
総合的な学習編	田村 学 編著	【3289】
特別活動編	杉田 洋 編著	【3290】

A5判
160～208ページ
各1,800円+税
※特別の教科道徳編のみ1,900円+税

大改訂のこどもどうよう **学習指導要領を広く、深く徹底解説**

資質・能力に基づき改編された内容の解説から新しい授業プランまで

明治図書 携帯・スマートフォンからは **明治図書 ONLINE へ** 書籍の検索、注文ができます。▶▶▶

http://www.meijitosho.co.jp　*併記4桁の図書番号でHP、携帯での検索・注文が簡単にできます。

〒114-0023　東京都北区滝野川7-46-1　ご注文窓口　TEL 03-5907-6668　FAX 050-3156-2790